车辆救援

下一代

[英] 伊恩 · 邓巴　著
赵燕　等译

天津大学出版社
TIANJIN UNIVERSITY PRESS

图书在版编目（C I P）数据

车辆救援：下一代 /（英）伊恩. 邓巴著；赵燕等
译. -- 天津：天津大学出版社，2022.4（2023.11重印）
ISBN 978-7-5618-7150-8

Ⅰ. ①车… Ⅱ. ①伊… ②赵… Ⅲ. ①道路车辆－救
援 Ⅳ. ① U491.3

中国版本图书馆 CIP 数据核字 (2022) 第 061227 号

CHELIANG JIUYUAN XIAYIDAI

出版发行	天津大学出版社
地　　址	天津市卫津路 92 号天津大学内（邮编：300072）
电　　话	发行部：022-27403647
网　　址	www.tjupress.com.cn
印　　刷	北京盛通印刷股份有限公司
经　　销	全国各地新华书店
开　　本	190mm×260mm
印　　张	18.25
字　　数	297 千
版　　次	2022 年 4 月第 1 版
印　　次	2023 年 11 月第 2 次
定　　价	199.00 元

关于作者

伊恩·邓巴（Ian Dunbar）1974 年出生于英国利物浦。

1992 年，伊恩加入英国消防与救援服务部门，担任技术救援和创伤救治领域的专业讲师，在一线工作了将近 20 年。伊恩曾担任英国救援组织（The United Kingdom Rescue Organization，UKRO）、世界救援组织（World Rescue Organization，WRO）和世界一流院前创伤机构的志愿者，这些经历促使他做出了一个艰难的抉择：离开消防部门，成为一名技术和医疗救援顾问。

在此期间，他走过了 100 多个国家，撰写了他的第一本畅销书《车辆解救技巧》，也发表了几十篇关于车辆解救方面的文章和博客。

他曾与应急服务机构、志愿者组织、军队和私人企业合作开展项目，也曾是国际汽车联合会（FIA）研究团队的成员，将“光环”保护引入一级方程式赛车。

2011 年以来，伊恩与液压救援设备制造商合作，协助设计了多款创新产品。

2016 年，伊恩加入 TOCA 安全团队，担任技术救援专家。该团队负责世界第三古老的赛车运动——英国房车锦标赛。

2018—2019 年，伊恩担任位于英国莫顿因马什镇的世界著名的消防技术学院的教学主管（消防员核心技能），负责重新设计救援培训内容。

2020 年 1 月，伊恩加入总部设在日内瓦的国际汽车联合会（FIA）医疗与救援部，担任救援专家。

伊恩和他的妻子及两个女儿住在法国上萨瓦省。

@Dunbarian

关于本书

过去 15 年来，我在道路交通领域做了大量的工作，这让我形成了独特的全球视角，并发现了这一领域所面临的一些困难，即世界各地的培训讲师和从业人员迫切需要相关的培训材料。“从哪里获得可靠的最新信息？”这是我最常被问到的问题之一。

本书中，我尝试提供最新信息，将所有操作环境考虑在内，且所有信息都以一个事实为出发点：并非每位读者都具备必要的技能、知识、设备和资源。

我将在现有的团队工作法的基础上，提出我认为更符合救援目的的修订内容。这些内容将把最新款车辆、最新救援设备以及对遭受创伤性损伤的患者的救援操作和临床认识考虑在内。因为这些内容已经和 30 年前有很大不同了。

我将根据我科学“破拆”数百辆全新车辆的经历（大多是为了研究和开发新的液压破拆救援工具）来提供经验和见解。同时，凭借数千小时的培训以及对来自世界各地各种机构的救援人员的咨询和评估，我积累了大量的经验。

我撰写本书的目的是希望为新晋的操作人员提供宝贵的知识和经验，并为经验丰富的救援人员提供参考。

本书的内容涵盖车辆救援涉及的相关联动机构，因此我希望医护人员和其他相关责任人都能在相关章节中发现本书真正的价值。

车辆救援涉及的方面非常多且容易混淆。本书是我的一次尝试，我希望通过确定主要考虑因素但又不规定最佳方法的方式阐明一些理念。因为我坚信，最好的方法是对读者安全有用、以伤者为中心以及能够产生有利结果的，它能够挽救生命。这就是我从事当前工作的原因。

希望你喜欢阅读本书，一如我撰写时的感受。

伊恩 · 邓巴

关于合作机构

艾迪斯鼎力科技（天津）有限公司（以下简称“鼎力”）始建于20世纪90年代，公司位于天津市滨海高新技术产业园区，是国内最早从事液压破拆救援产品生产的专业厂家之一，拥有逾30年的液压抢险救援工具的研发和制造经验，已经成长为行业领先的消防和救援领域一体化解决方案的综合服务商。

鼎力是艾迪斯消防与救援集团投资的全球产能布局的重要一环。艾迪斯消防与救援集团旗下拥有多家工厂和研发中心，涵盖AKRON（阿密龙）、HALE（希尔）、AWG（阿瓦格）、GODIVA（哥达瓦）、LUKAS（卢卡斯）、VETTER（威特）和HURST（赫斯特）等著名品牌，同鼎力一起为客户提供值得信赖的产品、服务和解决方案。

作为集科研、设计、制造、销售和服务于一体的中国专业液压破拆救援产品和消防灭火产品生产厂家，鼎力致力于为各种灾害救援现场提供整套快速、可靠和便捷有效的消防与救援解决方案。鼎力拥有完善且成熟的消防救援产品系列，鼎力的液压破拆救援产品和消防灭火产品广泛应用于交通事故救援、地震灾害救援、建筑物坍塌救援、矿山油田救援、铁路复位救援，以及城市和森林消防灭火救援等领域。因产品的创新性和可靠性以及在历次重大灾害救援中的突出表现，鼎力产品屡获殊荣。

鼎力自成立以来秉承初心，坚持以工匠精神打造产品和团队，全面提升科研、设计、制造、销售和技术支持等综合服务的能力，助力消防救援人员用更短的时间挽救更多的生命，为中国消防救援事业发展贡献力量！

目录

1 引言

9 安全

31 2.0版团队工作法

75 培训

95 人为因素与团队资源管理

105 院前急救

127 救援计划

145 交通事故调查

155 汽车车辆

197 消防救援人员的医疗注意事项

209 救援操作过程和救援技术发展

269 特殊情况

280 鸣谢

引言

如果为全球每年死于车祸的每个人默哀一分钟，我们需要默哀两年半以上，而在我们完成默哀时，又有 350 万人在车祸中丧生。从另一个角度来看，车祸造成的死亡相当于一周中的每一天都有 7 架民航飞机坠毁。对于航空业和社会来说，这样的破坏水平是完全无法接受的。

微信扫描二维码关注
“艾迪斯鼎力科技”公众号
观看“团队剪影”

尽管道路交通安全教育工作已加强，基础设施已得到改善，越来越多的车辆配备了更完善的被动和主动安全系统，而且大多数国家和地区加强了当地的执法力度，但道路交通事故仍然是 5~29 岁人群死亡的主要原因。

每年因交通事故死亡的人数约为 135 万，重伤人数为 5 000 多万，这一数据令人扼腕。道路交通事故仍然是危害社会的通病。世界卫生组织的报告称，2016 年，在因道路交通事故死亡的人员中，有 29% 是 4 轮车辆的驾驶员或乘客，这也是与本书主题最密切相关的数字。29%，即将近 40 万人。

在全球范围内，参与道路交通事故预防、响应和善后工作的相关机构，都有责任为减少这些触目惊心的数字贡献一份力量。从政府到路人、从车辆制造商到道路安全服务机构、从医疗卫生机构到救援人员……我们每个人都应当不断审视自己的能力，努力改善现状。我们要确保相关技术人员和设备，在合适的时间出现在合适的地点。另外，对于那些经常参加和处理此类事故的人员，我们还应关注事故对他们造成的心理影响。

从文化角度来讲，我们似乎已经接受了交通事故死亡这一社会现象，而且对于几乎每天都在发生的交通事故也已经习惯了。经验告诉我，即使是身处世界各地的救援组织，当火灾或其他不幸的事故造成死亡时，仍有一种挫败感；而且在某种程度上我们无法控制道路交通意外所造成的严重后果。

虽然我深信每位救援人员都会拼尽全力，但我认为，我们还需要从技术和医疗的角度更加仔细地研究在救援道路交通事故受害者方面的效率和能力。在这方面，我们做得太少。我们需要不断审视当前的培训方法，问问自己是不是能够做得更多。我们应该永远质疑自己是不是“已经竭尽所能”。只有对我们当前执行水平的有效程度有了清晰的了解，才能从专业角度提升我们的能力，从而对上文提及的那些惊人的数字产生积极的影响。

车辆救援

全球概览

在世界上大多数国家和地区，一般需要多个机构共同参与救援道路交通事故中涉及的人员，其中又以消防和救援服务机构为牵头组织，并负责救援中的技术相关事宜，即拆解。虽然越来越多的消防和救援服务机构对创伤的了解不断深入，相应的处理技能也在不断提高（主要是在近 10 年内），但现场的医疗卫生服务一般仍由医护服务部门负责（至少在最初阶段）。

现在，许多国家和地区已经建立了完善的救援联动，该联动不仅有助于将伤者送往最合适的医疗机构，还能在道路交通事故救援中提供更好的院前急救。医护人员和消防救援人员常常需要并肩作战。

但是，许多国家和地区根本无法实现这种水平的响应，救援人员可能只有陈旧过时的设备，而且他们几乎没有接受过救援技术或医疗方面的培训。此外，某些国家和地区甚至连立即将重症伤者转移到合适的急救护理机构的基础设施都不具备。现实情况就是这样，全球各地处理道路交通事故的方式迥异，世界卫生组织的统计数据也说明了这一点。

且不论技术和医疗救援有关的基础设施如何，现在摆在我们面前的一个简单的事实是，世界上的每个国家都非常缺乏跨机构培训。据我了解，跨机构培训确实有，但少之又少，仅为个例，尚未普及。

虽然有些组织推广车辆救援的最佳实践，但是他们的辛勤努力仅惠及世界上的一小部分操作人员，并没有真正覆盖所有的响应机构。

当你希望通过网络资源学习和加深对道路交通事故救援操作的知识和认识时，你会很快发现，网上找到的信息通常比较主观，大多基于个人意见，缺乏或根本没有理论依据和研究基础。在消防和救援操作领域，我们均不认可没有经过调研的信息，也不会在培训课程中使用此类信息，但我看到世界上有很多国家和地区仍存在这种现象。

虽然如此，互联网仍是很好的获取信息的渠道，其上面有大量文章和教学视频可供学习。一方面，我建议从事道路交通事故救援的人员将互联网作为获取宝贵资料的途径，但同时也要提醒大家，必须对网上的各种信息进行筛选，并结合实际情况使用。

近 10 年来，我们看到车辆在结构、安全系统和传动系统方面取得了空前的进步，全球都在朝电气化方向发展。这些方面的快速发展给许多救援人员带来了一定的挑战，因为他们要保持对当前相关知识的持续学习是有一定难度的。

另外，有些人被一些貌似善意且准确、实则错误且令人费解的信息误导，反而将事情复杂化了。更令人担忧的是，有很多错误信息是从商业角度出发而提供的，这些信息通常与设备相关，轻则误导人员，重则导致危险。

最后，值得一提的是，我们使用现有的团队工作法已达 30 年之久。现在世界各地的救援服务机构普遍采用此团队工作法，但不同地区存在一些差异。因此，我建议救援服务机构识别现有的团队工作法并更新至新工作法（2.0 版团队工作法）。

为什么叫“下一代”？

微信扫描二维码关注
“艾迪斯鼎力科技”公众号
观看本页操作视频

本书的标题“车辆救援——下一代”反映了我所秉持的“车辆救援方法需要做出细微且根本的改变”的理念，毕竟这个方法已经近 30 年不曾发生变化了。我认为所有救援联动机构的救援人员都接受自 20 世纪 90 年代以来推广使用的同一种救援方法进行培训是不可行的。我们必须做更加充足的准备，不仅包括院前急救人员，还包括下一代消防救援人员。

车辆救援方法的任何变化都应当反映我们对最新车辆的理解，即车辆的设计、构造、安全功能以及电气化（电动汽车）趋势等；还应当反映我们对技术的理解以及对事故车辆的操控能力，以便做好救援计划，依据计划找到救援通道并创造救援空间。另外，鉴于世界各地的许多消防救援服务机构都会为其员工提供具有一定水平的院前急救培训，车辆救援方法的变化还应当反映我们对危重伤者越来越多的同理心。

这些变化的核心包括以下要素。

- **对当前工作法改进的需求**，我在本书中提出了 2.0 版团队工作法。
- **对消防救援人员院前急救技能不断提高的需求**。
- **对人为因素关注的需求**，例如情境意识和决策。
- **对制订救援计划的方式关注的需求**。
- **对可持续的跨机构培训和预先计划的需求**。

这些变化基本反映了某些人当前的工作方法，但根据我的经验，对于大部分人来说，这些变化代表着一种全新的工作法，并且可能是一种新的思维方式，特别是在车辆位置调整等方面。2.0 版团队工作法并没有背离我们长期奉行的理念。这一新方法在全球范围内推广 3 年后，获得了广泛的参与度和积极的反馈。这表明，我们现有的团队工作方法确实亟需改进。

由于救援领域的视角不断变化，我们必须不断发展才能维持并改善道路救援中伤者的境遇。我们必须做好改变的准备并适应这些改变，否则再过 30 年我们还在原地踏步。因此，2.0 版团队工作法并不是一成不变的，而是一种能够按需进行调整的方法，因此永远适合“下一代”救援人员。

院前急救注意事项

车辆救援是一个始终以伤者为中心，跨机构、多学科共同参与的救援过程。单从救援的技术方面，很容易就能洋洋洒洒写下数百页的内容，但应急救援不应长篇累牍，因此我从院前急救的角度撰写了本书。

无论你是院前急救人员，还是身处院前急救工作环境中的执业医护人员，都要了解各种救援知识；医护人员是救援过程的基本组成部分。大家期望医护人员及时到达现场（如果消防救援服务机构已到现场），并顺利加入救援工作。医护人员需要提供及时且详细的伤者信息，协助现场指挥者初步制订并持续实施救援计划。医护人员可能需要在有限的空间内、照明条件不佳的条件下或夜间进行高强度工作，同时还要适应和克服随时发生的各种情况，因此其工作非常具有挑战性。

救援现场也可能存在潜在危险，院前急救人员不仅需要穿戴合适的个人防护装备（PPE），还需要接受现场安全方面的培训，具备出色的情境意识，可以灵活应变，并能够根据现场情况做出正确的选择。当然，为了应对这种极具挑战的环境，院前急救人员应当主动找机会接受跨机构培训，让自己能够真正了解并适应道路交通事故的现场情况。与当地消防救援服务机构密切配合，可以确保院前急救人员深入了解救援技术和方法，并根据对周围情况的深入了解做出正确的临床决策。

跨机构培训的缺乏是全球面临的普遍问题，医护人员可以和当地消防救援服务机构合作，推动跨机构培训的发展。这样一来，医护机构、消防救援服务机构能够互相学习。过去 10 年来，许多消防救援服务机构已经加强了对创伤的理解，但仍然渴望继续学习临床知识。过去 15 年左右，我一直与来自世界各地的优秀医护人员合作，这让我对创伤有了自己独特的见解，也让我成为一名更好的救援人员，而且我希望自己成为一名更好的教育工作者。这种合作反过来对医护人员也是有益的，医护人员与消防救援服务机构合作得越多，就越能在现场高效地工作。

在阅读本书之前，建议您搜索当地的消防救援服务机构，并与他们联系。这将是一个美好的开始，对双方均有益，但最受益的是您以后要救援的伤者。

免责声明

本书介绍了各种紧急情况下可以使用的救援工具和救援技术。本书中描述的情形仅作为示例，用于帮助读者理解某些基本的车辆救援技巧和可用的救援工具。

每起交通事故都有其独特性。在确定适当的救援措施及其实施顺序时，要考虑涉事车辆的类型、数量和位置，伤者的人数和情况，以及外部危险等变量因素所带来的影响。请注意，一定要阅读和理解相关救援工具手册，参考标准操作程序实施救援，并听从相关部门和现场指挥者的指挥。

救援现场充满危险。救援人员的个人安全取决于其所属机构提供的日常培训、是否使用适当的个人防护装备，以及对自己或机构所用的救援设备的理解程度。救援人员有责任阅读并理解与其所使用的救援设备有关的操作手册，接受适当的设备使用培训，并确保设备已得到正常维护。如果未能遵守相关要求，可能导致事故受害者、自身或救援现场的其他人员重伤或死亡。

因使用本书中所述的救援技术和救援工具，或使用在实际应急情形中应用的其他救援技术和救援工具所导致的直接或间接损害或伤害，无论是合同责任、侵权责任、保障责任还是其他责任，LUKAS 公司概不负责，但 LUKAS 公司为自有产品提供保障条款的情况除外。LUKAS 公司未在本书中对其自有产品做出任何明示或暗示的保证，包括但不限于关于适销性或适合特定用途的保证。

LUKAS
LUKAS
LUKAS

LUKAS

安全

10 引言
12 个人防护装备
14 前往和到达
16 安全使用救援工具
19 道路交通事故——现场安全
22 在车辆周围安全工作
25 车辆安全
28 伤者安全

引言

道路交通事故的现场本质上是一个危险的环境，救援人员应当始终确保将自己、同伴、受困人员和现场围观人员的安全放在第一位。

2017 年，美国消防协会（NFPA）报告称，有 18 名消防员在与车辆相关的事故中牺牲，其中有 8 名在车祸事故救援中牺牲。因此，救援人员必须从接到报警电话开始就立即启动风险管理流程，随后在前往事故现场的途中、现场停留期间和返程途中始终遵循这一流程。

救援人员到达现场之后，将面临现场存在的各种危险。事故持续期间，这些危险会发生变化，每种危险都会带来特定的风险。每位团队成员都应了解其所处的环境，并尽快识别相关风险、确定风险的优先顺序并进行沟通。这通常是现场指挥者的职责，但是在事故结束之前，所有团队成员都有责任建立并维护一个安全的工作区域。操作安全意识是培训的重点和制订计划的基础，应定期对风险管理进行讨论和演练。

我们应避免“不惜一切代价提供帮助”的冲动，并始终采取安全、有条不紊的方法，保障救援人员的安全。反对在没有足够指导或监督的情况下执行任务，这种情况有时被称为“自我部署”。这可能会使所有团队成员面临风险，进而延误救援工作。

救援人员必须始终遵守当地政策和有关规定，按规定的事故指挥流程行动，并了解设备的设计结构、使用方法和限制条件，必须始终穿戴个人防护装备，而且只有在安全的情况下才能松脱或取下个人防护装备。

许多国家和地区都公布关于救援人员伤亡情况的统计数据，虽然很难将数据直接与特定的需求类型一一对应，但我们不能低估处理道路交通事故时面临的风险。

个人健康和心理急救

当讨论人身安全时，关注救援人员可能受到的潜在身体伤害是自然而然的事情。我们经常讨论与实际工作环境有关的风险、危害和控制措施，但很少讨论看到的情景和经历的事情可能会对我们造成的心理伤害，这种情况最近才开始受到关注。

参与和处理道路交通事故会影响救援人员的心理健康，建议所有救援人员都要重视与自身或同事有关的所有问题。

许多组织为管理人员和救援人员提供了意识培训与支持。在过去一两年中，我们看到社交媒体对这一领域进行了更多报道，特别是带有“#ItsOkNotToBeOk”标签的文章。值的庆幸的是，现在大家能够更坦然地讨论这些问题，而专家认为这恰好是从事故中恢复的第一步。

#ItsOkNotToBeOk

个人防护装备

微信扫描二维码关注
“艾迪斯鼎力科技”公众号
观看本页操作视频

穿戴适当的个人防护装备非常重要，在被派往任何事故现场之前，救援人员都应确保穿戴好合适的个人防护装备。

个人防护装备有多种保护用途

- **保护身体的各个部位。**
- **防止环境带来的伤害。**
- **提高救援人员的可见度，**例如穿着显眼的衣物。
- **识别身份，**例如现场指挥者和医护人员。

根据道路交通作业的工作性质，有时需要松脱或取下个人防护装备

松脱或取下个人防护装备应根据具体的风险情况而定，并仅在以下情况下予以考虑。

- **穿戴个人防护装备存在风险，**例如高温下过热。
- **在受限空间内作业，**个人防护装备阻碍人员或设备进出，或影响伤者救治。
- **穿戴个人防护装备会影响完成任务，**例如存在需要摘下手套作业的情况。

在大多数情况下，救援人员的所属机构会向其发放并要求其始终穿戴个人防护装备，在适当的时候可以放宽此要求，但需要随时进行动态风险评估。

在道路交通事故现场工作时，建议至少穿戴以下个人防护装备

- 带面罩（可选）头盔。
- 护目镜。
- 防割手套。
- 破碎玻璃和碳纤维时使用的呼吸防护设备（通常为防尘面罩）。
- 医用手套（戴在防割手套内）。同样适用于现场指挥者。
- 全套抢险救援服（或技术救援套装）。
- 可见度高的反光背心。
- 靴子，带脚尖保护和脚踝保护功能（可选）。

微信扫描二维码关注
“艾迪斯鼎力科技”公众号
观看本页操作视频

必要时需考虑使用其他个人防护装备

- 护耳器。

个人防护装备的选择

如果救援组织没有为救援人员提供个人防护装备，那么穿戴个人防护装备的人员应确保其选择的装备达到当地或国家政策和指南要求的防护水平。

个人防护装备的维护

个人防护装备应妥善维护，并定期检查其损坏情况。如果发现（或怀疑）有损坏，应立即更换。因此，最好准备额外的个人防护备用装备，以便在需要时更换。

前往和到达

安全到达和车辆定位

从统计数据来看，事故中最危险的一环实际是安全到达事故现场。因此，救援人员应仔细考虑如何前往并到达现场，以确保尽快施救。

在前往和到达现场的过程中，导致初始事故发生（正在处理中的事故）的环境可能会威胁救援人员的安全，因此应评估并识别这段时间内可能存在的所有危险。

在前往事故现场过程中应考虑以下因素

- **天气，**可能导致路况不佳。
- **物理危险，**如地面不平坦、损坏的建筑物或倒下的树木。
- **人群，**可能聚集的群众。
- **应急通道，**已经到达现场的车辆。

救援人员应缓慢且有步骤地靠近现场。驾驶员和现场指挥者应识别现场内车辆停放地点可能存在的危险。

到达现场

到达现场时，应考虑以下因素。

车辆的位置

▪ **在可能的情况下，应将救援车辆用作避挡设施，**通常称为“避挡定位”，而且这是现场救援过程的一部分。在救援过程中，车辆停放的距离和角度也非常重要。

▪ **救援车辆应尽可能地靠近事发地点，确保人员和设备随时可用，**但不能太近，以免阻碍其他应急车辆进入。

下车

▪ **从“安全侧”下车，**也就是远离有危险（如正在行驶的车辆）的一侧。

其他资源

▪ **快速评估现场。**现场指挥者在下车之前就已经确定可能需要的其他资源并尽快安排。在完成 360 度全方位评估之后，其他资源的调配会进一步加强。

路人

▪ **救援人员抵达道路交通事故现场时，经常会遇到围观群众。**一些路人可能掌握着有利于事故评估的重要信息，但要注意不要分散精力。如果时间允许，应将了解事故情况的路人的信息交给相关部门或单位。

智能手机和社交媒体

▪ **从救援人员到达现场开始，**其一举一动都可能会被智能手机记录，并上传至社交媒体。如今这种情况非常普遍，经常在事故未处理完之前，人们就已经通过社交媒体看到了事故现场的视频录像；主要新闻频道通常会使用智能手机的录像功能进行新闻报道。值得注意的是，录像不仅能记录图像，而且能记录声音。因此救援人员应注意，在远离公众的地点与团队成员或其他机构进行沟通交流。

安全使用救援工具

除了非常轻微的事故外，救援人员一般需要使用各种工具才能安全、快速且有效地完成救援工作，这些工具一般分为以下几种类型。

- **手动工具，** 例如撬棍或玻璃破碎工具。
- **电动 / 电池驱动工具，** 例如往复锯或冲击器。
- **液压破拆救援工具，** 例如剪切器、扩张器或撑顶器。
- **辅助工具，** 例如锐边保护罩、支撑垫块和支护设备。

除了本章前面部分介绍的现场危险外，即使是最熟练、最有经验的救援人员使用此类救援工具，也会存在额外风险。救援人员必须在维持安全的工作环境的同时快速有效地开展急救工作，以在时间紧迫的情况下首先排除关键风险。

使用液压和电动破拆救援工具

现场指挥者的重要职责之一就是确保现场每位人员的安全。因此，在使用液压或电动破拆救援工具时，现场指挥者应始终保持对整体情况的了解。所以，现场指挥者所处的位置非常重要，需要能够在执行特定任务的过程中观察所有电动破拆救援工具的使用情况。观察并不是怀疑团队成员使用工具的能力，而是使现场指挥者能够大体了解使用此类工具可能导致的不利后果。

例如，使用液压扩张器打开车门可能会影响车辆的稳定性，而现场指挥者在距离车辆 2 m 开外的位置时能够及时发现这一问题（通常在稳定性受到破坏之前），并对操作人员发出提醒。一般而言（通常也被认为是最佳做法），现场指挥者应当能够看到工具在使用过程中的关键风险位置，例如扩张器的尖端、剪切器的刀片或撑顶器的防滑齿头；如无法看到，应重新调整自己的位置。另外，保持这一距离能够确保现场指挥者有效指挥和控制整个现场，而不是等待完成某一项任务。如果是需要同时使用多种工具的复杂救援过程，现场指挥者无法只停留在一个观察位置上，应当考虑进行“区域划分”并指定一名接受过相关培训的代表代其观察其他位置。

使用工具时的关键考虑因素

▪ **在执行任务过程中，始终正确穿戴个人防护装备，**包括在适当的时候戴上头盔面罩。

▪ **始终使用正确的手动处理技术并注意自己所处的位置。**

▪ **注意与其他救援人员和伤者保持沟通，这也可以让现场更安全。**使用液压或电动破拆救援工具之前，务必向其他工作人员和伤者简要说明情况。

▪ **工作人员不得位于工具和车辆之间，**即禁止“内侧作业”。

▪ **使用工具时注意提手的位置，**确保使用时不会夹手。

▪ 在使用剪切器或扩张器时，**注意随时进行口头提醒。**

▪ **使用硬保护**对剪切、扩张和撑顶过程进行保护。

▪ **使用软保护**对伤者进行保护。

▪ **轮换团队成员**以减轻操作救援工具的负担。

▪ **始终遵守当地的政策和操作程序。**

口头提醒

操作人员在使用电动破拆救援工具时，现场指挥者必须随时进行口头提醒。这有助于维持安全的工作环境，同时提醒团队成员和伤者注意正在进行的作业。

不同的救援机构有自己的指挥语言标准，以下是全球普遍使用的部分指挥语言。

口头提醒	使用场景
工具启动	工具在团队成员之间传递而且马上可以使用
扩张，现在扩张	扩张操作开始时（液压扩张器或撑顶器）
剪切，现在剪切	剪切操作开始时
小心冲击	剪切工作即将完成时，例如剪切A柱或B柱时
破碎玻璃，现在破碎玻璃	玻璃破碎操作开始时（在玻璃破碎的位置）
准备，撑住，移动	将设备或伤者转移至长板上时。一般而言，最后的动作是从说出“移动”的“移”字时开始

道路交通事故——现场安全

到达现场之后以及开始工作之前，现场指挥者应对现场进行 360 度全方位外部评估，以获取以下信息。

- **涉及车辆的数量。**
- **涉及伤者的人数**及其位置和方向。
- **即时危险，**例如火灾、有害气体（液体）泄漏等。
- **涉及车辆的类型，**例如混合动力汽车 / 电动汽车。

外部评估应尽可能快速且全面，而且最好由现场指挥者协同以下人员共同执行。

- **团队的救护人员。**他们能够发现伤者并进行初步分类。
- **团队的技术操作员。**他们能够提供车辆结构拆解方面的建议。

在完成外部评估之前，团队成员不得开始车辆处理工作。

外部评估完成之后，现场指挥者可以处理收集的信息并确定事情的优先顺序，快速向团队成员介绍情况并让其开始工作。

需要立即处理的事项

- **急需解决的关键风险问题，**例如无反应的伤者或火灾。
- **现场需要的后续援助。**
- **考虑是否需要调整车辆位置。**
- **提供即时可用的通道，让救护人员能够进入车辆**（如果伤者无反应）。

团队开始工作后，就可以对现场进行内部评估，以获得以下信息。

- 确定外部评估期间未发现的危险。
- 确定车辆钥匙的位置并将其取下（如果是智能钥匙，则应将钥匙拿到距车辆 5 m 以外的地方）。
- 确定未弹出的安全气囊。
- 确定车辆内部空间的出入通道（例如检查车门和后备厢能否手动打开或使用液压工具打开）。
- 确认车辆内部是否可以手动或电动操作（断开 12 V 电源之前）。

完成内部评估之后，应与现场指挥者沟通收集到的信息，并立即将关键危险问题告知所有工作人员。

涉及多台车辆的事故

如果车辆之间有较大间隔（即涉及两台或多台车辆），现场指挥者则应考虑指定一名代表，对其他受影响的车辆进行外部评估。完成这项工作之后（且在资源分配之前），应对所有现场评估结果进行讨论，以确认以下信息。

- **确定救援的优先顺序。**
- **对所有伤者进行分类。**
- **确认所需的其他资源。**

持续风险管理

有效的现场管理能够确保救援人员安全地完成救援任务。因此，所有工作人员必须做好识别危险的准备，并立即采取措施降低风险，然后将评估结果告知其他团队成员。

道路交通事故的现场是动态的，并在整个事故救援过程中不断变化。这意味着，必须不断评估和处理风险，以保持操作环境的安全性。工作人员进行的每步作业，例如车辆稳定或玻璃破碎，都有可能改变现场的危险状况，同时也可能引入新的危险。因此，风险管理不仅是对现时因素的考量，而且是一个贯穿整个事件的持续性过程。

影响现场安全的因素

物理危险

所处环境造成的潜在物理危险。

- **不平整 / 柔软的地面。**
- 带电的**道路设备，**例如路标。
- **不稳定的结构、树木和建筑物。**

车辆引起的危险

受损车辆引起的潜在危险。

- **破碎的玻璃 / 锐利边缘。**
- **溢漏 / 泄漏。**
- **不稳定的车辆。**
- **带电部件 / 受损蓄电池组。**

动态危险

在救援过程中持续变化的因素。

- 天气条件 / 大风 / 水位上涨。
- 车辆稳定性。
- 车辆结构 / 锐利边缘（由创造救援空间产生）。
- 玻璃粉尘（由玻璃破碎产生）。
- 纤维粉尘（由剪切碳纤维或其他纤维产生）。

与伤者相关的危险

受外伤的伤者引起的问题。

- **血液和体液。**
- **伤者出现过激行为**（可能由于头部受损）。
- **伤者体形较大**（肥胖），**抬出困难。**

在车辆周围安全工作

在到达现场后在开始工作之前，现场指挥者应对现场进行 360 度全方位评估，以识别危险并确定救援的优先顺序。

另外，应由一名工作人员进行内部评估，收集更多信息，以协助现场指挥者初步制订救援计划，并识别外部评估过程中未发现的其他危险。

在初步评估完成之后，现场指挥者应在受影响车辆区域建立一个安全作业区。

现场指挥者负责确定以下事宜

- 内部和外部警戒线。
- 车辆周围的工作区。
- 工具暂存区。
- 碎片堆放区，可堆放车辆零部件。
- 简短报告区，供多机构进行讨论。
- 集结点，整合后续资源。

内部和外部警戒线

设置内部和外部警戒线是为了在救援期间更好地指挥和控制现场。

建议设置物理外部警戒线（如隔离带），但由于场地的局限，有时可能无法实现。警戒线是为了防止无关人员进入救援现场，造成安全隐患和妨碍事故评估。警戒线还可以限制用智能手机记录事件的人群。

物理障碍物会影响人员和设备的进出，因此不适合作为内部警戒线。建议采用“2~5 m 工作区”。工作区是存在即时危险的区域，仅允许穿戴适当个人防护装备的救援人员（消防和救护人员）进出。

车辆周围的工作区

在这一区域中，救援人员应注意以下问题。

2 m 工作区（操作区）

这一区域是紧邻车辆的区域。应始终确保这一区域无碎片、玻璃和车辆零部件等。救援人员可将未使用完的工具放置在这一区域。但是，如果工具已经使用完毕，则应将其放置在这一区域外，最好放回工具暂存区。

2~5 m 工作区（安全区）

这一区域是距离车辆 2~5 m 的区域，可用于工具准备、简要汇报、交流等。现场指挥者就位于这一区域内，以掌握现场安全和救援进度等整体情况。

工具暂存区

工具应存放在一个与工作区有适当距离的区域，这会使救援过程更安全、轻松、快捷。工具暂存区不应距离车辆过近，距离过近会加大救援伤者的难度；反之，距离过远，则会增加工具取用和归还的时间。用完之后的工具应归还至工具暂存区。同样，暂时未参与救援的人员也应在这一区域内等待，以便现场指挥者了解可用的人力资源。有时候，做到这一点有点儿困难，因为所有人自然而然地都想提供帮助，但现场纪律也非常重要，现场指挥者会指派一些团队人员执行关键任务。这能够确保需要时随时有人可用。

碎片堆放区

现场指挥者应指定一个碎片堆放区，用于堆放车辆零部件（如车门等）。为便于后续评估，多台车辆（如果涉及多台车辆）的零部件应分开堆放。碎片堆放区不能距车辆太远，在搬运重型车辆零部件时，如果距离太远会给救援人员造成不必要的负担。同样，该区距离车辆也不能太近，否则可能会影响现场安全。

简短报告区

现场跨机构之间的沟通非常重要，团队成员可以在远离直接作业的现场区域进行沟通，沟通时还应考虑路人以及可能被智能手机记录的情况。现场指挥者负责监督救援工作，而且应在必要时考虑委派代表负责跨机构沟通或简要介绍情况。这样做有助于对现场进行有效的指挥和控制。

集结点

作为初始评估的一部分，现场指挥者应考虑还需要哪些资源，并指定一个集结点。该集结点应考虑以下因素。

- **车辆和设备的类型**（大小和所需的救援通道）。
- **车辆和设备的用途**（是否需要关闭），例如起重机。
- **救援通道，**例如救援飞机。
- **抵达所需的时间**（是否需要创建救援通道）。

考虑到事故的位置，集结点可能会与救援现场有一定的距离。如果需要将设备运送一段距离，现场指挥者应考虑额外的人员需求。

车辆安全

到达涉及一台或多台车辆的事故现场时，当务之急是立即识别潜在危险，确定初步救援的优先顺序，力图将风险降至最低。

现场指挥者负责进行危险识别，并向其他成员和现场的其他机构传达评估结果。危险识别应作为现场360度全方位评估过程中的重要部分，评估范围应覆盖所有受影响的车辆。如果车辆之间有较大间隔（即涉及两台或多台车辆），现场指挥者则应考虑指派一名代表，对其他受影响车辆进行外部评估。完成这项工作之后（且在资源分配之前），应对所有现场评估结果进行讨论，以确认以下信息。

- **确定救援的优先顺序。**
- **对所有伤者进行分类。**
- **确认所需的其他资源。**

需要在事故的初始阶段对受损车辆进行干预处理，以消除或降低其对现场救援人员造成的危险。所有操作人员应能够识别关键风险问题，并了解如何以安全且受控的方式处理这些问题。另外，应立即与现场指挥者沟通已识别的所有风险，并在实施控制措施后进行确认。

车辆受损的现场可能存在许多固有危险。操作人员应谨记现场是动态的，风险状况会随着人员的活动而发生改变。所有工作人员应在事故持续期间保持警惕，并且能够对不断发生变化的环境做出反应，这一点很重要。

可以使用移动车辆数据系统协助操作人员识别车辆带来的危险。在资源允许的情况下，现场指挥者应考虑指派一名工作人员获取这类数据，为救援过程提供参考。虽然这些系统的价值毋庸置疑，但我还是建议救援人员不要完全依赖这些技术，而应当始终采用条理清晰的安全工作法。

车辆带来的危险	风险	控制措施
燃油泄漏	火灾	提供消防用品
不受控制地移动	移动中的车辆伤害操作人员	用支撑垫块楔住车轮，拉起手刹
液体溢漏	伤害操作人员； 损坏个人防护装备	在允许的情况下堵住泄漏位置； 必要时进行覆盖
地面上的碎玻璃	伤害操作人员； 损坏个人防护装备	在地面潮湿时，进行清扫； 在地面干燥时，进行覆盖
车内的碎玻璃	伤害操作人员； 伤害受困人员； 损坏个人防护装备	覆盖
门框上的碎玻璃	伤害操作人员； 损坏个人防护装备	仔细拆除并放置在碎片堆放区
锐利的边缘	伤害操作人员； 损坏个人防护装备	覆盖
安全气囊（未弹出）	安全气囊可能突然弹出，造成人员受伤	断开 12 V 蓄电池系统
安全气囊气缸	刺破并弹出	剪切前拆除内饰材料
气动支柱	刺破并弹出	剪切前拆除内饰材料； （在允许的情况下）
安全带预收紧装置（未启用）	可能突然弹出并造成人员受伤	避免在安全气囊区域进行剪切
快速弹开式发动机盖（未启用）	可能突然弹出并造成人员受伤	绕开系统周围的区域； 手动抬起发动机盖（罩）
超级电容器	含有乙腈	请勿剪切超级电容器
翻车保护系统（未启用）——仅适用于敞篷车辆	可能突然弹出并造成人员受伤	绕开系统周围的区域； 手动启用（如果可行）

背景环境中的车辆风险

如果经常在网上研究车辆救援，你会发现，大家对安全气囊、辅助保护系统、混合动力系统和高压电动汽车等车辆系统的评价褒贬不一。这些系统通常被称为“新车辆技术”，它们已经存在很长时间了，并不是新鲜事物。

安全气囊于 1981 年问世；混合动力汽车于 1997 年问世；电动汽车上市也已经有 10 年左右的时间了。这里所谈论的车辆安全，通常涉及这些系统引起的风险，而且几乎每个案例都是根据背景环境谈论这些风险的。

这些系统会给救援现场带来危险，这点不能否认。但是，我们应当在具体环境中看待这些问题，同时确保救援人员安全有效地进出车辆的行动不受影响，并在及时救援前对伤者进行治疗。从以往的经验来看，如果不把这些风险放在具体环境中来分析，则在很大程度上会延长现场救援的时间，而且可能影响伤者的救治结果。统计数据显示，还有许多危险因素很少被谈及，我们的重点似乎集中在一个或两个主要问题上，尤其是混合动力汽车和电动汽车中未被触发的安全气囊和未断电的高压系统。

本书在另一章中将更加详细地介绍这些系统，提供相关背景，并讨论现在和过去在统计领域其不受重视的程度。

伤者安全

除了在现场识别风险、检查和治疗伤者外，救援人员还必须始终确保伤者得到充分的保护。虽然很难同时做到既对伤者采取保护措施，又为他们提供得体的护理，但是任何时候都必须把安全放在首位。

应始终对伤者使用伤者保护罩等软保护装置。当然，这些伤者保护罩应足够大，能够同时保护伤者和救护人员。在条件允许的情况下，应选择不透明的伤者保护罩，尽可能减少反光，使伤者评估工作更简单。

在消防救援阶段，应使用硬保护装置对工作区进行保护，以提高现场所有人员（包括伤者）的安全性。

口头提醒也能保护伤者。让伤者了解待完成的任务（例如玻璃破碎或剪切），能够打消救护人员的疑虑，消除意外因素。

关键点

- **始终使用软保护，**防止环境对伤者造成伤害。
- 在进行剪切或扩张等作业时，**始终使用硬保护装置**来保护工作区。
- 在拆除车辆内饰材料的过程中，**保护伤者。**
- 在**极端天气条件下**（炎热或寒冷），需要监控环境对伤者的不利影响。

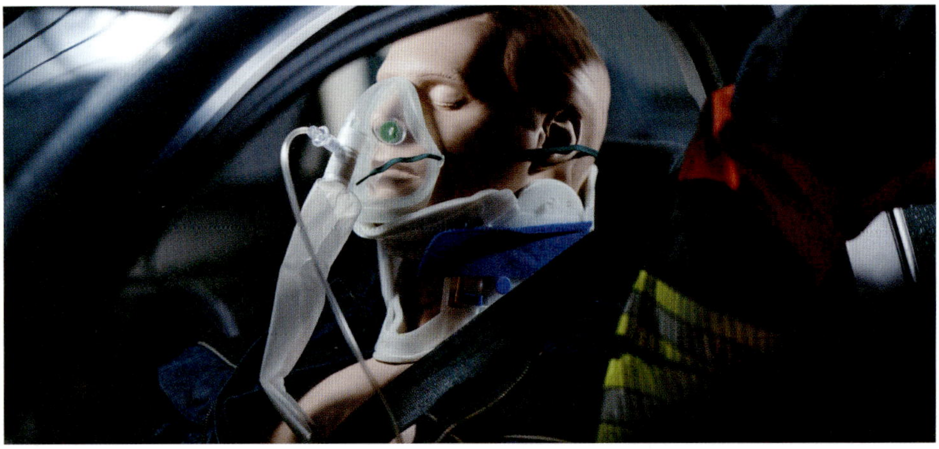

LUKAS

LUKAS
LUKAS
LUKAS
LUKAS
LUKAS
LUKAS
LUKAS
LUKAS
LUKAS
LUKAS
LUKAS

2.0 版团队工作法

32 引言
33 新工作法（2.0 版团队工作法）
40 团队
45 2.0 版团队工作法的各个阶段
45 第 1 阶段：安全、现场评估与其他资源要求
49 第 2 阶段：考虑调整车辆位置
52 第 3 阶段：制订初步救援计划并进行沟通
54 第 4 阶段：车辆稳定性与初始救援通道
58 第 5 阶段：适当的玻璃破碎和处理
62 第 6 阶段：适当创造救援空间（内部和外部）、启动车辆关停程序和拆除车辆内饰材料
66 第 7 阶段：适当地全面打开救援通道
68 第 8 阶段：伤者稳定、救援和交接
70 第 9 阶段：救援执行情况评估
72 快速干预

引言

现有团队工作法已有 30 多年历史，最初源自一张为道路交通事故现场提供系统工作方法的跨机构检查单。团队工作法明确规定了一系列“阶段”。除了第 1 阶段（安全与现场评估）之外，其他阶段均可以根据现场指挥者在救援初期确定的关键信息按任意顺序执行。

据我了解，世界上大多数救援组织都采用了与团队工作法类似的工作方法。即使在车辆救援仍处于起步阶段的国家，救援人员也采用了非常类似的方法。地区之间确实存在差异，但差异一般很小，而且通常反映了当地的资源和响应能力，如救护人员素质。

在创建团队工作法之前，一般是到达现场后先采取措施救援受困的伤者。但后来大家很快发现，确定救援阶段并分配团队角色和职责后，能够确保救援工作更安全、更快和更以伤者为中心，而且更重视同步操作（在同一时间执行多项任务以缩短现场作业时间）。

英国消防救援服务机构简化并首次采用了第一版团队工作法，自此，该工作法成为世界上许多地方的培训和救援工作的基础。目前，团队工作法已成为由世界救援组织及其成员国主办的所有救援比赛的基本组成部分。

团队工作法

- 安全与现场评估（360 度全方位评估）。
- 稳定性与初始救援通道。
- 玻璃破碎与工具准备。
- 创造救援空间。
- 完整的救援通道。
- 固定与搬移（受困人员）。
- 评估。

新工作法（2.0版团队工作法）

毋庸置疑，现有的团队工作法已经陪伴了我们30余年，而且成为现场指挥者非常重要的参考依据。但是，世界范围内的车辆救援领域已经发生了许多变化，例如车辆结构、替代燃料和安全系统，而且我们已经掌握了更多救援方面的医疗知识，因此我们认为现有的团队工作法不再符合新的形势。考虑到这些原因，本书重点介绍修订后的车辆救援工作法，即2.0版团队工作法。

微信扫描二维码关注
“艾迪斯鼎力科技”公众号
观看本页操作视频

修订现有的团队工作法的目的

- **加强所有现场人员的安全性。**
- **缩短救援时间从而缩短现场作业时间。**
- **改善伤者的救治效果。**

令人意外的是，有许多网站专门讨论这一主题而且世界上有许多专家经常撰写这一主题类的文章，但是之前并没有人修订过现有的团队工作法。

我建议在现有的团队工作法的基础上再增加两个阶段，修订的具体内容见下文红色文字部分。

1. 安全、现场评估**与其他资源要求**
2. **考虑调整车辆位置**
3. **制订初步救援计划并进行沟通**
4. 车辆稳定性与初始救援通道
5. **适当的**玻璃破碎和处理
6. **适当**创造救援空间（内部和外部）、**启动车辆关停程序和拆除车辆内饰材料**
7. **适当地**全面打开救援通道
8. **伤者稳定**、救援和**交接**
9. **救援执行情况**评估

做出这些改变的原因有很多。在多年对世界各地救援团队的咨询、培训和评估过程中，有一些常见问题反复出现。这些问题可能会危及安全、延长现场作业时间并对伤者愈后造成不良影响。因此，这些改变都有一定的操作和教育经验基础，并不是为了改变而改变。

2.0 版团队工作法并不仅是增加额外任务，而是可能会改变严重影响结果的基本操作原则。另外，新一代救援人员按照 25 年以前的方法进行车辆救援时可能会发生危险。因此，我不赞成使用现有的团队工作法，而且这种工作法也不利于取得最好的结果。消防救援领域没有哪种工作法是长时间保持不变的。

对长期未进行修订的工作法进行修订，其中可能涉及一些非常大的改变，但这些改变很好地反映了已经持续了一段时间的做法。建议所有参与道路交通事故处理的人员，对比现有的团队工作法和 2.0 版团队工作法，并判断哪种方法最合适。

虽然 2.0 版团队工作法更适合目前的情况，但也应根据需要对其不断地进行审核和更新。如果不这样做，再过 25 年，可能我们还在使用同一种方法，这是不可行的。

下面详细介绍 2.0 版团队工作法，重点讨论变更和新增内容的必要性。

其他资源要求

在许多国家和地区，各类服务部门的预算都很紧张，因此常常不能及时获得资源。尽早提出其他资源要求，可以缩短救援时间，进而缩短救援人员和伤者在现场的时间。如果现场指挥者只关注救援，那可能会造成救援时间延长，甚至错失良机。资源可以是其他医疗帮助、重型起重设备或其他救援设备等。在抵达现场之前，只要获得了初始信息，就应尽快考虑可能需要的其他资源并确定优先顺序。这项工作可以在初始现场安全评估（通常称为“360 度全方位评估”）中轻松地完成。

考虑调整车辆位置

目前，在救援过程中调整车辆的位置是一种明智的选择，通过提供更好、更有效的伤者救援通道，能够大幅度缩短救援时间。长期以来，大家一直认为移动车辆会对伤者造成更大的伤害，所以我们一直推崇不要移动车辆。虽然我不主张在没有医疗监管的情况下，对车辆进行不受控的位置调整或移动，但是我主张，当移动车辆能够让作业更安全、简单，更有利于伤者时，考虑移动车辆。除了世界上的少数几个国家和地区外，我们很少看到有救援人员会选择移动车辆。在大多数情况下，移动车辆要么没有必要，要么出于多种原因未将其作为一种选择；但是我们应该让救援人员明白，如果调整车辆位置可以提高安全性或缩短救援时间，则应立即考虑调整车辆位置。调整车辆位置的注意事项和方案将在下文中详细介绍。

制订初步的救援计划

通常情况下，现场指挥者会在抵达现场后尽快开始制订救援计划（甚至在抵达之前根据已获得的信息开始制订），但我经常看到许多非常有经验的救援人员很难决定救援的顺序和时间。这会影响救援过程并造成救援时间延长。训练有素的现场指挥者会根据初步的现场关键风险信息、车辆结构拆解情况和观察到的伤者情况，开始制订计划。计划制订好后，现场指挥者应当立即向团队传达救援计划并获得团队的反馈，这一点非常重要。

关于制订救援计划方面的指南和结构化培训非常少，我们应该在团队工作法中使救援计划标准化。在车辆救援领域，救援计划以及其他“人为因素”的改进是提升救援效率的重要手段。在本书中，我们将讨论救援计划的制订、传达和实施的方式，以及在必要时如何根据动态情况进行变更。

采用“适当的”工作法

在玻璃破碎和处理、创造空间和全面打开救援通道部分，加入“适当的”一词，是指出于安全和及时救援伤者的需要考虑。根据我的经验，有时候在执行任务时，并未充分考虑伤者的身体状况，而且过去认为创造最大空间从而全面打开救援通道是一种“最佳做法”，但这种做法并非总是出于以伤者为中心考虑的。这种做法通常需要较长时间，远超过伤者身体允许的时间。

判断团队工作法的适当性，需要现场指挥者充分考虑车辆、伤者和其他环境的时限因素。这是制订救援计划的基础。

创造空间（内部和外部）与启动车辆关停程序

在现有的团队工作法中，创造空间是指立即使用液压破拆救援工具改变车辆的结构。操作人员如果了解车辆结构，甚至无须使用工具进行撑顶复位等，就能通过某些操作（移动座椅、方向盘，打开车窗等）获得巨大的内部空间。应区别对待内部空间创造和外部空间创造（涉及拆门等操作），这一点很重要。

我们已经认识到混合动力汽车、电动汽车和安全气囊系统存在的隐患，因此在车辆关停程序方面已经做了改进，使其更智能，但这一点在现有的团队工作法中毫无涉及。车辆动力系统的关停应符合救援计划的要求，而且由于现代车辆的电气系统数量有所增加，所以应在关停前创造内部空间。

拆除车辆内饰材料

现场指挥者应在救援初期确认车辆安全系统及其组成部分。除了检查（并在必要时准备使用液压工具）之外，这一过程还应包括拆除车辆内饰材料（例如 A 柱和 B 柱等上的塑料覆盖物）。在这一过程中，操作人员将识别需要绕开的结构元件或安全系统。对于现代车辆，这是一个非常困难且耗时的过程，而且救援计划中很少考虑这一过程所需要的时间。

通常情况下，培训案例中的车辆款式都比较陈旧，这些车辆的内饰材料更容易拆除。现代车辆内饰材料的拆除则具有一定的挑战性。另外，如果需要拆除被困伤者周边的内饰材料，这一过程会更加复杂而且需要更多时间。

伤者稳定、救援和交接

现有的团队工作法将这一阶段称为“固定与搬移（受困人员）”，但并不是所有的伤者都需要固定，大多数伤者只需要某些形式的稳定，还有一些伤者自己就能够保持稳定。我们应当学习与护颈和救援设备使用有关的最新知识（当然还有临床建议），并积极参加与救援相关的医疗培训。从法律角度看（在大多数国家和地区），对伤者完成治疗后，应以预定方式交接，并将伤者报告表作为提供护理的书面证据。

培训

无论对团队工作法进行了多么微小的改变，都需要在培训中予以强调。即使 2.0 版团队工作法的变化很少（调整车辆位置除外），我们也应确保大家已经清楚地了解并掌握了 2.0 版团队工作法。这意味着需要学习或培养与调整车辆位置有关的技能、理解力和自信心，因此可能需要购买新设备。

院前急救的注意事项

无论当地消防救援机构采用哪种团队工作法，请务必了解该团队工作法的内容和原理，这一点至关重要。因为救援人员需要无缝衔接现场的工作流程，而且他们对周围发生事情的感知和判断非常关键。紧密合作并建立培训关系有助于彼此加深理解，这不仅能提高现场安全性，还能使工作更有效率、更有价值。

对于许多消防救援机构而言，调整车辆位置是救援工作中一个巨大的挑战。大家一直认为即使是小幅移动车辆也会对伤者造成灾难性伤害，因此很少考虑在救援过程中移动车辆。

医护人员的临床经验应为调整车辆位置提供支持（如适用），而且我建议医护人员一定要与消防救援机构密切合作，确保他们完全理解其中的利弊。

5. 适当的玻璃破碎和处理

符合救援计划和伤者的需求。

4. 车辆稳定性与初始救援通道

第 1 阶段（手动）、第 2 阶段（使用支撑垫块或楔块）、第 3 阶段（使用辅助设备）。

现场指挥者审核初始计划。

3. 制订初步救援计划并进行沟通

沟通初步的评估结果和救援的优先顺序，对整个过程进行监控。

2. 考虑调整车辆位置

考虑调整车辆位置是否能提高安全性和（或）缩短现场作业时间。

1. 安全、现场评估与其他资源要求

360 度全方位评估和要求其他资源。

6. 适当创造救援空间（内部和外部）、启动车辆关停程序和拆除车辆内饰材料

在车辆关停前，根据救援计划和伤者需求创造内部救援空间。现场指挥者审核初始计划。

7. 适当地全面打开救援通道

符合救援计划和伤者的需求。

现场指挥者审核初始计划。

8. 伤者稳定、救援和交接

最适合的救援路径，口头与书面交接。

9. 救援执行情况评估

现场（即时）和后续（事后）汇报。

团队

微信扫描二维码关注
“艾迪斯鼎力科技”公众号
观看本页操作视频

根据救援区域的不同，救援“团队”的配置也会有所差异。人员的数量，以及人员需要具备的技能、知识、理解力和经验都具有较大差异。但在救援时，他们能够立即安全地、无缝衔接地开展工作，以取得较好的救援结果。这不仅需要团队内的成员相互合作，也需要多个机构同心协作、共同努力。要实现这一目标，必须借助跨机构培训，我们将在本书的其他章节介绍这方面内容。

对于消防救援人员，团队的活力非常重要。即使现场指挥者是经验最丰富、知识最渊博的人员，如果没有一支训练有素的团队，他的计划也只能是空想。

因为全球各地的团队组织方式迥异，所以很难准确地描述什么是理想的团队。我认为，团队成员的数量过多或过少都不太理想，通常最理想的情况是，救援一名受困伤者配 5~6 名消防救援人员。

当然，在某些区域基本不可能达到这一人数要求。我曾在一些国家和地区做过培训，在这些国家和地区的所有救援事故中救援人员的标准配置仅为 2 人。相反，也有一些国家和地区，每起交通事故通常都要投入 18 名工作人员前往处理。

一个理想的团队通常由以下人员组成

- 现场指挥者（IC）。
- 救护人员（医护人员，接受过不同级别的培训）。
- 工具的技术操作员 1。
- 工具的技术操作员 2。
- 设备协调员 / 工具的技术操作员 3。
- 助理救护人员（医护人员）（可选）。

现场指挥者（IC）

现场指挥者负责现场的所有活动，其首要任务是保证救援现场的安全。现场指挥者负责识别危险、制订并传达任务的优先顺序，监督救援过程中的所有工作，而且只有在出现关键安全问题时才主动参与救援。

现场指挥者决定了事故救援能否顺利推进。现场指挥者必须了解相关信息，借助这些信息制订、传达和实施有效的救援计划 。现场指挥者负责监督和审核救援工作的进度，并在必要时根据伤者情况调整计划。现场指挥者需要与现场所有人员保持沟通，并确保与其他机构保持有效联络。为了确保现场指挥者能够始终关注现场安全和救援计划的实施，应指派一名代表代替其履行沟通和联络职责。

为了维持有效的指挥和控制，现场指挥者所在的位置至关重要。现场指挥者应预见可能导致救援延迟的问题，并在必要时修改计划，确保已将所有变化充分传达给现场的所有人员和参与救援的其他机构。

现场指挥者不必事无巨细地指导团队成员工作，团队成员应当能够在未被告知具体细节的情况下执行现场指挥者的指令。团队成员的这种执行能力只能通过有效的培训和充分的准备才能实现。

虽然现场指挥者负责现场的所有活动，但是必要时应将指挥权移交给现场医护人员，这也是协调安排救援各阶段工作的一部分。现场指挥者全面负责现场安全，但不能亲自参与将伤者从车辆中救出来的过程。将伤者从车辆中救出来之后，现场指挥者收回所有指挥权和控制权。

现场指挥者的最后一项现场职责是确保团队人员的身心健康以及对执行情况“即时汇报”。

救护人员（医护人员）

并不是所有救援现场都有医疗机构的院前急救人员，所以消防救援团队应配备一名指定的消防急救员。在世界各地，消防急救员都接受过不同救护等级的培训，能够从事从基本急救到高级院前创伤护理等一系列工作。

在有些情况下，消防救援团队可能较医疗机构的院前急救人员（如护理人员、医生等）先达到现场。因此，消防救援团队必须有能力识别和处理可能威胁伤者生命的状况。这些信息可能是现场指挥者正确制订计划所需的初步信息。

救护人员的首要任务是确认伤者状况，如果有多人受困，救护人员必须对伤者进行分类（进行快速评估，确定初始医疗资源如何使用）。对于涉及多人的事故，首要任务是进行伤者护理，在后续资源抵达之后再进行救援。

救护人员确认伤者之后，必须进行快速评估，以了解伤者的意识反应。无反应的伤者需要迅速接受治疗，特别是气道受损的伤者。救援通道对伤者非常重要。

一旦打开救援通道，救护人员就能进行全面的初步检查和二次检查，并将检查结果告知现场指挥者。在整个救援过程中，救护人员应不断地向现场指挥者报告医疗情况，并持续沟通伤者的变化情况。

必要时，救护人员（或对伤者进行手动颈椎正中稳固的团队成员）将接管救援阶段的控制权，完成这一阶段任务后，再将指挥权交回现场指挥者。

如果消防救援团队先于医疗机构的院前急救人员抵达现场，消防急救员应当将所有医疗信息移交给后来的院前急救人员（如护理人员、医生等）。

工具的技术操作员

工具的技术操作员主要负责执行救援计划的技术部分，并遵守 2.0 版团队工作法中详细介绍的工作流程。

工具的技术操作员的职责

- **确定现场使用的工具。**
- **协助内部和外部评估。**
- 为救护人员、院前急救人员**提供及时的、快速的救援通道。**
- 在涉及多位伤者时，**为救护人员、院前急救人员提供协助。**

在救援阶段，工具的技术操作员经常需要转换角色，在确保现场安全并收回救援设备之前，参与将伤者从车辆中救出的工作。

他们的工作很辛苦，压力大、负担重，而且需要掌握较为丰富的与车辆、救援工具和设备有关的技能、知识，还需要能够体谅和同情伤者。工具的技术操作员间需要共同分担工作，防止疲劳作业。

工具的技术操作员应当能够在仅了解最基本信息和缺少现场指挥者详细指导的情况下执行指示并安全高效地开展工作。他们应当能够识别可能影响救援过程或导致救援时间延迟的潜在问题，并根据自己的理解找到解决方案。

工具的技术操作员之间的合作至关重要，他们需要知道什么时候做什么工作，这种能力是团队协同工作的基础，可以减少现场救援的时间。

设备协调员

微信扫描二维码关注
“艾迪斯鼎力科技”公众号
观看本页操作视频

作为团队成员，设备协调员主要负责协助提供救援现场所需的设备。在初始阶段，设备协调员要及时提供消防器材，通常是灭火器或已连接消防车的水带。

设备协调员须尽早提供所有可能用到的工具和设备，并将其放在工作暂存区。设备准备就绪且消防救援团队开始工作之后，设备协调员将根据消防救援团队或救护人员的需要提供协助。

2.0 版团队工作法的各个阶段

第1阶段：安全、现场评估与其他资源要求

目的：确保现场所有人员从始至终处于安全状态，并确保及时申请更多急需资源。

责任人：现场指挥者，可能有一名消防救援团队成员和救护人员陪同。

在道路交通事故现场，现场指挥者应将所有机构的操作人员和群众的安全放在首位，应对现场进行全面评估，通过 360 度全方位评估识别紧迫的危险并确定工作的顺序。另外，应尽快确定所需的其他资源并提出申请。

在完成现场评估之前不得开始其他工作，而且在确认现场安全之前，操作人员应克制住私自行动的冲动。

风险管理

通过主动识别和控制危险可以降低现场的风险。道路交通事故的现场是动态的，而且环境会不断变化。在大多数国家和地区，消防救援团队的现场指挥者通常负责警戒线内部区域，对风险区内所有人员的安全负责。

一定要理解危险和风险之间的差别，这能够让我们更安全、有效地管理现场。我们应当引入控制措施，了解如何处理危险和风险。

- **可以将危险定义为：**对某物或某人可能造成损害、伤害或危害健康的任何危险源。
- **可以将风险定义为：**一个人在接触危险时，可能受到伤害或危害健康的可能性或概率。
- **可以将控制措施定义为：**用于减少接触危险的措施。

控制措施的分级处理结构是行业中常用的模式，通常适用于道路交通事故的处理过程。

消除危险

现场发现的某些危险是可能完全被消除的。例如，封闭道路并阻止车辆通行可以立即消除救援人员被快速行驶的车辆撞击的风险。另外，可以向相关机构申请暂停供电，消除可能涉及的高压电线带来的风险。但是，现场的大多数危险还需要在其他方面进行管控。

工程控制措施

工程控制措施用于将人员与危险隔离，以降低受伤的风险。例如，设置并管理警戒线，这虽然是临时措施，但可以防止、限制人员进入风险区，最大限度地减少接触潜在危险的人数。

个人防护装备

穿戴个人防护装备是效果相对较差的危险控制方法，这种方法依赖于穿戴者选择的或单位提供的个人防护装备的有效性。例如，穿戴防割手套（里层戴医用手套）、防护鞋、带面罩的头盔和护目镜是参加道路交通事故救援的最基本要求。穿戴个人防护装备的必要性反映了现场存在的不受控危险的程度。

管理控制措施

管理控制措施与个人或组织的工作方式有关。这类措施反映了个人或组织的工作流程、政策和培训方法。虽然这类措施与动态现场无关，但是组织或个人应将管理控制措施纳入其道路交通事故救援的计划和准备过程中。

在 360 度全方位评估初始期间，现场指挥者应注意以下事项，并确保已经传达了所有已确认的危险。

危险	风险	控制措施（举例）
燃料	燃烧，火灾	配备消防灭火器材
高压系统（EV）	触电	隔离（切断电源）
锐利边缘	割伤	采取锐利边缘保护措施
体液	污染	穿戴全套个人防护装备
碎玻璃	割伤，吸入危险	使用带呼吸防护的个人防护装备
不稳定的结构	结构坍塌	支撑
不稳定的车辆	车辆移动造成伤害	调整车辆位置或稳定车辆

在 360 度全方位评估期间，现场指挥者应确保查看事故现场的每个区域，包括车辆底部、邻近区域，如田间或沟渠。

在救援的动态阶段已完成且伤者已经获救之后，事故现场仍然存在一定危险，因此，此时还不能脱下个人防护装备。只有当完全不存在危险或其他影响健康的因素（如过热）时，现场指挥者才能考虑脱下个人防护装备。

现场情况是动态变化的，虽然现场指挥者对现场所有人员的安全负责，但是每个人均有责任确保事故得以安全处理，发现危险要及时汇报并采取有效的处置措施。

培训

对大多数消防救援人员而言，360 度全方位评估是一项学习了多年的基本技能。他们已经接受过识别和处理现场风险和危险方面的良好培训，而且对此类作业已经非常熟悉。

通常，培训课程不会过多地涉及现场安全和内外部评估，而且，由于培训课程一般使用老款车辆，所以消防救援人员通常没有遇到过现代车辆带来的危险。我们需要通过交流和讨论来弥补这一缺陷，确保所有团队成员熟悉他们可能在道路交通事故现场遇到的各种风险和危险。

微信扫描二维码关注
“艾迪斯鼎力科技”公众号
观看本页操作视频

院前急救的注意事项

本书在“现场安全”部分详细说明了消防救援团队在抵达道路交通事故现场时需要遵守的救援流程。

从理论上来说，这种方法是建立安全工作系统的基础，因此也适用于院前急救。但需要谨记下面几点。

- **到达现场的医护人员的人数应少于消防救援人员，**一般是一名到两名。
- **医护人员配备的个人防护装备等级通常较低。**
- **医护人员不配备处理现场某些风险（如火灾）的必要设备或未接受过相关培训。**

与消防救援机构一样，医护人员也应尽快申请其他医疗资源。

第 2 阶段：考虑调整车辆位置

目的：考虑是否需要通过调整车辆位置提高现场的安全性或改善人员和设备的进出条件，以缩短现场救援时间。

责任人：现场指挥者，考虑救护人员和消防救援团队给出的建议。

微信扫描二维码关注
“艾迪斯鼎力科技”公众号
观看本页操作视频

2.0 版团队工作法中最有争议的部分无疑是**调整车辆位置**这一阶段。世界上的大部分国家和地区很少考虑在救援过程中调整车辆位置，但是我认为，在救援操作的初始阶段，现场指挥者应当先评估调整车辆位置的可行性，然后再进行后续工作。目前调整车辆位置的课程已经在世界上的一部分区域进行讲授，例如，在澳大利亚的某些地区，该课程已经开展了数十年。但从全球来看，这是特例，还不是普遍现象。所以，为什么我们不能加强调整车辆位置方面的训练呢？

一直以来，我们都采取在打通救援通道之前先稳定车辆的做法。车辆稳定程度取决于抵达时确定的伤者状况，而这样做的目的就是要杜绝在初始阶段对车辆进行移动。曾有人告诉我，25% 的脊柱损伤是由事故后的救援操作造成的。这种说法可以追溯到 1992 年，那时我还是一个非常年轻的消防员。值得庆幸的是，我们的工作方法在不断发展进步，而且现在越来越多的数据可以证明我们以前一直坚持的做法将会被推翻，我们要摆脱思维定式，重新进行思考。

移动车辆是否真的可行

简单来说，移动车辆是可行的。但这是一个技术过程，应当听取现场医护人员的意见。我们对受伤机制的理解，远比 10 年前更加深刻，而且现在确实能够通过移动车辆让我们的工作更安全、简单。这一决策（与计划的其他部分一样）应以抵达时和初始阶段收集的技术和医疗信息为基础，并经过跨机构讨论后做出。2.0 版团队工作法建议现场指挥者在抵达现场时考虑调整车辆位置是否可行，并将其作为初始阶段现场安全评估的一部分，如需调整车辆位置，应立即安排可能需要的其他资源。对于大多数交通事故来说，这可能根本就不予考虑。但是，如果认识到这是一种可行的方式（适用于基本和复杂的车辆移动程序），那么现场指挥者将有更多选择来降低风险、改善进出条件，从而缩短现场救援时间。

在现实道路交通事故中更容易理解调整车辆位置的必要性，例如车辆侧面与树木相撞，伤者被困在车内靠着树木的一侧。我们的标准操作法是从另一侧进入车辆。即使是最熟练的操作人员，这种方式也有一定的难度且耗时较长。而且创造出空间之后，需要将伤者从侧面移出，容易使伤者和救援人员发生危险。

如果把车辆从树旁移开，只需要移动几十厘米就能够完全进入车辆被撞的一侧。车辆被移开后，可通过撑顶复位创造更大的内部空间，有更多的选择方式，可以将伤者更安全、简单、快捷地救出来，而且不会对伤者造成二次伤害。

方法和时间

移动车辆的方法有很多种，有的既快速又简单，有的却非常复杂；可以使用液压工具，也可以使用吊车。但必须充分考虑调整车辆的位置以及随后完成救援所需的时间。如果认为不移动车辆也能够安全、快速地完成救援，就没必要调整车辆位置。切忌陷入“调整车辆位置后才可以开始救援”这样的思维误区，事实并非如此。调整车辆位置应当是整体计划的一部分，因此需要充分考虑分配给车辆移动阶段的时间。

预先计划和准备

对调整车辆位置操作不熟练的人员，应首先考虑与其安全操作程序和设备相符的可行性方案。虽然调整车辆位置可作为全新的可选方案，但是很可能需要额外的设备。调整车辆位置可能需要申请在最初抵达现场时尚未配备的设备，这样会造成一定的时间拖延，所以这是在许多情况下不考虑调整车辆位置的重要原因之一。简而言之，如果救援机构没有将调整车辆位置纳入培训和设备配备方案中，则需要在慎重考虑之后才能将调整车辆位置作为现场救援的执行方案。

调整车辆位置不仅限于小型汽车，大型车辆也可以，而且许多涉及大型货车的事故，特别是在车辆追尾、驾驶员被困的事故中，如果能够以受控的方式安全地移动车辆，则会给救援工作带来诸多好处。但切记，如果两车紧挨在一起，则需要确定移动其中一辆车是否会影响另一辆车的稳定性；如果不能确定，则最好不要移动。

对大多数人来说，调整车辆位置还处于探索阶段，与我们长期以来的教学相悖。但随着实践和认识的不断发展，现在这种方法被证实是可行的。如果调整车辆位置能节约时间，且始终以伤者为中心，则这种方法能够提高安全性、改善进出条件，并能够提供更多可选择的救援方案。工作人员应当首先认识到这一做法的可行性，然后确保已做好充分的计划并且有可供选择的其他方案和可用的设备。

我建议医护人员与消防救援技术部门密切合作，讨论调整车辆位置的好处。救援是一个跨机构协作的过程，所有与救援相关的人员者都应当认识到移动车辆对整体救援工作的好处。

培训

如果认可调整车辆位置是一个可行的方案，则需要进行相关培训。救援人员需要具备相关的技能和认知，以及具有合适的设备并且需要安全、快速地移动车辆。

根据我的经验，即使救援人员接触的调整车辆位置的操作有限，且很少进行实践，但经过持续的重复训练后，也能够很快掌握这一技能，快速建立自信心，而且很容易缩短移动所需的时间。正如前文讨论的，对于大多数人而言，这是一项新的技能，但是它能够给伤者带来非常积极的救治效果，提高安全性并缩短现场救援时间。

院前急救的注意事项

在确定是否可以选择调整车辆位置之前，大多数消防救援机构都会征求医护人员的意见。我建议，如果医护人员认为可以选择调整车辆位置而且这种方案对伤者有利，那么医护人员应当利用自己的知识和经验，鼓励消防救援人员考虑调整车辆位置。

跨机构培训期间是讨论这一问题的最佳时机，再次呼吁大家积极寻找一切机会，与当地消防救援机构协同训练。

第 3 阶段：制订初步救援计划并进行沟通

目的：现场指挥者制订初步救援计划 ，并在确认后与团队成员和现场其他机构进行沟通。

负责人：现场指挥者，考虑消防救援团队和现场救护人员的建议，并要求其进行确认。

大多数现场指挥者，在坐上消防车前往事故现场之前，就已经开始凭借自己的既有知识和既往经验制订救援计划。早在前往事故现场途中，他们应根据自己对现场的了解，开始制订计划，以便抵达现场时立即实施。当然，他们需要在看到车辆、接触到伤者并了解其受困程度之后才能确定计划的具体细节，但计划的制订过程应该早就开始了。

如果计划尚未确定，则需要先确认所需资源。谁是消防救援团队成员？谁对伤者进行护理？（如果没有医护人员）还需要申请哪些资源？

抵达现场后，现场指挥者会看到车辆的朝向，在完成 360 度全方位评估后，可以确定伤者的姿态和位置，随后开始寻找可能的救援路径。

现场救护人员在确认伤者的受困程度和受伤情况后，应确定救援路径。此时，现场指挥者已掌握了关键信息，能够明确和传达救援计划 。

制订计划的方法有很多种，我将在本书后面的章节中详细说明如何制订一个可行的救援计划 ，帮助大家应对不同的情况。

培训

从我的救援经历来看，与我合作过的现场指挥者很少接受过与制订和监管救援计划有关的正式培训。这项技能通常需要系统地进行学习和培训。虽然大多数现场指挥者接受过良好的救援指挥培训，但我发现，正式的指南中并未涉及这一技能。

我们在培训过程中应该更加注重制订救援计划部分。现场指挥者应与其他团队成员讨论自己的思考过程和决策，让团队成员意识到自己在救援计划中的作用。救援计划的制订在很大程度上取决于伤者的受伤情况，因此需要医护人员提供伤者的信息，从而为救援计划提供指导。

院前急救的注意事项

作为医护人员，应当了解自己在制订救援计划中的作用。医护人员提供的与伤者有关的初始和后续信息，能够让现场指挥者根据具体情况做出决策。医护人员还需要持续报告伤者的动态状况，让团队能够预先制订计划，以应对任何可能发生的事件。

如果伤者情况有变，应立即通知现场指挥者，现场指挥者会在必要时更改救援计划，以加快救援进程。同样，如果因为担心周围正在进行的作业对自己或伤者的安全造成影响，也应立即通知现场指挥者。

制订救援计划是一个复杂的过程，需要准确的与伤者有关的初始和后续信息。熟练掌握制订计划的最好方式就是提前做好准备，这有赖于跨机构培训。

第 4 阶段：车辆稳定性与初始救援通道

目的：按照指定的救援计划稳定车辆，方便操作人员首次进入车辆。

责任人：消防救援团队的技术成员。

一旦确定无须移动车辆后（或完成车辆移动之后），应按照指定的救援计划稳定相关车辆。“按照”是指为实现稳定而采取的步骤不应妨碍后续的救援工作。

是否需要进入车辆取决于对伤者状况的初步评估，现场指挥者将根据此项评估结果确定合适的稳定性等级。如果伤者由于气道受阻出现无反应情况，则建议将伤者列为最高优先级，并采取人工稳定措施。如果伤者头脑清醒、神志清楚，则可以在车辆完全稳定之后再允许救援人员进入车辆。

根据伤者的动态状况，确定初步进入车辆的计划和方法。

防止车辆移动

在稳定车辆之前，使用两个支撑垫块锁定一两个车轮，防止车辆移动。锁定车轮时应当格外小心，因为车辆可能会突然移动，尤其是在不平整的地面上。

为什么要稳定车辆

主要有三个原因

- **防止车辆出现不必要的移动，**以免加重伤者伤势。
- **提供稳定的工作平台，**方便操作人员操作。
- 防止车辆**进一步变形。**

这是多年来我们认为的要保持车辆稳定的根本原因，虽然车辆的稳定性仍然是团队工作法的关键要素，但是随着认识的深入，进行车辆稳定的原因已经发生了改变。

现在，我们对损伤机制有了更深入的理解。长期以来的观点认为，“即使小幅移动也可能造成脊柱损伤，从而对伤者造成灾难性伤害”，但事实并非如此;即便如此，也只需尽量避免不必要的移动。实际上，我们需要考虑的是移动可能会使本来已经开始凝结的伤口再次大量出血，或在怀疑有骨盆创伤时伤势可能加重的风险。

车辆被移动后仍需要作为稳固的工作平台，而在现代车辆结构中，A 柱、B 柱和下边梁（车门槛板）等结构元件非常坚固，车辆出现后续变形的风险很小。老款的车辆仍然需要考虑变形问题，但对于较新款的车辆，基本上不存在这样的问题。进行撑顶复位或扩张操作时，考虑到液压压力的作用，建议在车辆某些部位下使用支撑垫块，但通常情况下是没有必要的。

不要过于纠结稳定性的程度。经常有人问我，稳定性达到何种程度比较好，是非常稳定还是一般稳定。我想告诉大家，这并没有一个统一的标准。我们的目的是避免不必要的移动。先确定车辆的着力点，然后在着力点下方放置支撑垫块和楔块。稳定车辆时还应考虑伤者可能需要的救援路径，因此也需要将这部分纳入稳定性计划中。需要注意的是，在救援过程中可能需要多个救援人员进入车辆搬抬伤者。

建议在以下情况下定期检查车辆稳定性

- **减轻车辆重量时，**即卸下车门或破碎玻璃时。
- **增加车辆重量时，**即救援团队成员进入车辆或将医疗设备放入车内时。
- **涉及载货的大型车辆时**（特别是载有液体或颗粒状货物时），可以考虑指定一名人员，在救援的整个过程中监督车辆稳定性（在资源允许的条件下）。

操作人员需要分 3 个阶段考虑车辆稳定性

- **手动（第 1 阶段）。**

工作人员用手控制车辆，以减少车辆移动，在需要迅速进入车辆进行救生干预时考虑这一方法。

- **使用支撑垫块和楔块（第 2 阶段）。**

一般而言，锁定车轮即可。操作时将支撑垫块放在千斤顶支撑点附近和 B 柱下方，以增加车辆稳定性。如果从车辆后方救援伤者，还可以在车辆后方进行稳定。

▪ **使用辅助设备（第 3 阶段）。**

如果车身着地或车顶着地，可以使用车辆稳定支撑杆等辅助设备。如果使用上述设备无法完全稳定车辆，则可能需要使用其他设备，例如绞车、张紧带或棘齿带等。如果车辆不是正面碰撞、侧翻或倒立，那么救援人员需要进行复杂的稳定性操作，应做好充分准备。

轮胎放气稳定法

在一些国家和地区，轮胎放气稳定法存在一定争议。出现争议的主要原因是，放气后的轮胎不利于警察后续进行胎压检测和调查。如果对轮胎进行放气操作，现场指挥者应与现场的警察就轮胎放气的目的进行沟通，确保在放气前胎压已被准确记录。轮胎在被放气前，应与正常操作一样在车辆下放置支撑垫块。

注意事项

▪ 轮胎被放气前，**救援人员需与现场的警察沟通。**

▪ 车辆位于斜坡或不平坦的地面时，**轮胎放气稳定法效果不佳。**

▪ **车辆如装有防爆轮胎，轮胎**放气稳定法效果不佳。

▪ **完成救援后，**需要抬起车辆才能移除支撑垫块和楔块。

▪ **放气后的车辆难以移动，**这会延长重新恢复交通的时间（造成交通拥堵，甚至可能导致其他事故）。

初始救援通道

打通初始救援通道的难易程度不一，有时非常简单，手动打开车门即可；有时非常复杂，需要借助液压工具、手动工具或玻璃破碎工具。消防救援团队应当选择最合适的方法和最佳进入点，在需要进行玻璃破碎时，要考虑碎玻璃对伤者的影响。如果玻璃破碎法更合适，请在保证安全和及时进入车辆的基础上选择离伤者最远的车窗。

初始救援通道不仅能够让救护人员进行初步评估和救生干预（如保持气道畅通），而且能确定伤者的受困程度，同时还能够提供与伤者状况、位置和方向有关的信息。这些信息非常重要，如果没有这些信息，现场指挥者无法制订详细的救援计划 。

培训

根据我的经验，实际培训中很少把稳定车辆作为重点，一般会把快速准备救援作为重点。车辆稳定性实际上是安全有效地进行救援的基础。了解重量分布，以及重量增加、减少或移动（大货车）可能带来的影响，能够让救援人员更有效地控制和限制车辆移动，从而让整个救援过程更加安全，更有利于伤者。

我建议，所有救援人员把车辆稳定性作为培训课程的重点，不要只关注复杂的车辆设置，还要着眼于基本的车辆朝向。毕竟从统计学上来说，车辆稳定性是救援人员最有可能要处理的问题。

院前急救的注意事项

稳定的车辆是进行适当干预的基础，消防救援部门需要确保车辆在早期救援阶段保持稳定（在完成必要的车辆位置调整之后）。如果医护人员先于消防救援人员抵达现场，则在进入车辆之前，车辆可能并不稳定（即使医护人员认为可以安全进入车辆）。在这种情况下，车辆可能会突然移动，进而影响医护人员的操作，甚至可能会二次伤害伤者（具体取决于伤者的受伤情况）。

如果车辆停在明显不稳定的危险位置，建议所有医护人员不要进入车辆，直到消防救援团队确定车辆安全。

第 5 阶段：适当的玻璃破碎和处理

微信扫描二维码关注
“艾迪斯鼎力科技”公众号
观看本页操作视频

目的：按照指定的救援计划和伤者状况，适当地处理车辆玻璃。

责任人：消防救援团队，考虑现场医护人员的建议。

现场的玻璃破碎方式应当合乎逻辑且恰当，不仅要考虑已制订的救援计划，也要考虑伤者的伤势。也就是说，不能再像以前一样简单地拆除所有玻璃，而应采取更合乎逻辑和有组织的方式。

救援人员应该把保护伤者不受环境伤害放在第一位，而且应该意识到环境因素可能严重影响伤者的身体状况。因此，在可能的情况下应确保玻璃破碎不会让伤者暴露在低温环境或风雨中。

玻璃破碎方案

- **保留在原位：**如果认为没有必要拆除玻璃，则可以保持不动。玻璃可以保护伤者不受外界环境因素的影响。
- **以受控的方式拆除：**老式车辆的玻璃可以通过切下橡胶密封条或垫圈的方式进行拆除。在这种情况下，可以将玻璃整块拆下。但在实际救援中很少能够遇到这种车辆，如果车辆有这种设计，应考虑这种方法。
- **以受控的方式进行玻璃破碎：**以受控的方式破碎玻璃能大幅减少碎玻璃对人员的伤害。在破碎玻璃的过程中，应控制所有玻璃并尽可能减少车辆内外的玻璃碎片的数量。

紧急玻璃破碎

在有些情况下，可能只有通过车窗才能立即进入车辆，所以需要紧急破碎玻璃，这通常用于处理无反应的伤者。确定最合适的车窗应考虑以下因素。

- **伤者没有任何保护措施时，应尽量减少碎玻璃和玻璃粉尘对伤者的影响，**特别是在怀疑或确定伤者有开放性伤口时。
- **破碎远离伤者一侧的玻璃，**如车辆对侧（确保能够快速进入车辆）。

聚碳酸酯玻璃

一些高端的超级跑车和顶级跑车会使用聚碳酸酯玻璃来降低车重和提高性能，但这种情况相对较少。一些大货车、公共商务车（如长途汽车）可能设有聚碳酸酯玻璃通道（如车顶舱口），救援人员应熟悉这些车辆的特点。

聚碳酸酯玻璃只能手动或使用电动锯才能处理和拆除。救援人员应确保伤者有足够的保护措施，防止切割聚碳酸酯玻璃时产生的粉尘和碎片对伤者的影响。事故现场常见的玻璃一般有两类。

- **钢化玻璃**（或“强化玻璃”），一般除了挡风玻璃之外每个车窗都用钢化玻璃。
- **夹层玻璃**，挡风玻璃一般使用夹层玻璃[①]。

玻璃破碎的风险

在现场处理玻璃可能会有以下风险

- **地面碎玻璃，**增加现场人员滑倒的风险。
- **玻璃碎片进入伤者的开放性伤口。**这可能会导致住院治疗时间延长，也可能导致败血症（感染）。
- 玻璃破碎产生的**玻璃粉尘被伤者吸入**。

①由于汽车标准发生变化，现代车型的车窗逐渐倾向于采用夹层玻璃。这种玻璃能够降低风和道路噪声，而且在车辆发生翻滚时，可以降低伤者掉出车辆的概率。

撞击可能会导致车辆的某些玻璃碎裂，所以事故现场会有碎玻璃。碎玻璃会影响现场所有人员的安全，应按如下方式进行处理。

- **地面上的碎玻璃**。如果地面干燥，应使用覆盖物进行覆盖，此时不可清扫，因为玻璃粉尘会进入空气，威胁现场所有人员的呼吸安全。如果地面潮湿，则可以清扫，因为水分会阻止玻璃粉尘进入空气。
- **车辆内的碎玻璃**。如果车辆内有碎玻璃，最好的处理方法就是用覆盖物进行覆盖。盖好碎玻璃一方面可以为车内的伤者和医护人员创造更安全的环境；另一方面，当进行救援时，进入车辆的救援人员（戴好医用手套）也不会接触到碎玻璃。

钢化玻璃（强化玻璃）

钢化玻璃被破碎时会产生非常细小的碎片，另外由于特殊的制造工艺，其被破碎时会还释放能量。

玻璃破碎器是很好的工具，而且有多种使用方法。

- **破碎时，在玻璃下方放置一块垫子**。完成玻璃破碎之后，将垫子移除，即可将所有碎玻璃转移至风险区之外。
- **如果车门可以打开**（无须使用液压工具），**则应打开车门**。也就是从远离伤者的一侧破碎玻璃。
- **尽可能将车窗降至车门内，并用覆盖物盖住剩余的玻璃**。因为在玻璃破碎时，大多数碎玻璃会留在车门内，因此，使用覆盖物也会防止玻璃到处飞溅。

夹层玻璃

夹层玻璃需要进行切割，有一定的处理难度。切割作业会产生玻璃粉尘（二氧化硅），破碎玻璃时救援人员和伤者应做好呼吸防护。现代车辆的挡风玻璃多采用夹层玻璃，但是越来越多的车辆也选择在其他位置安装夹层玻璃。这样能够提高车辆的安全性。

现代工艺的夹层挡风玻璃采用了黏合工艺，如果不进行切割，则无法拆除。

安全

- **应穿戴全套个人防护装备，**包括手套、护目镜和呼吸防护（防尘口罩）。
- **使用伤者保护罩等软保护来保护伤者**（伤者保护垫），**而且最好使用高流量氧气**（正压氧气流，以防范玻璃粉尘）。
- 应在破碎玻璃作业前进行**口头提醒**。
- **完成玻璃破碎作业后，**可摘下防尘口罩，以便于现场沟通。

培训

在破碎玻璃时，应当尽量采用一种不会在车辆内部或地面上留下任何残留物的方法。虽然这个要求有点儿高，但应是我们追求的目标。在破碎玻璃时，既要考虑玻璃碎片给救援人员和伤者带来的危险，也要考虑各种污染的可能性（如开放性伤口中的玻璃碎片和碎屑），否则会使伤者产生严重的并发症。

在培训课程中要重视玻璃破碎问题，重点强调如何快速且有条理地破碎玻璃，并将玻璃留在原位。将玻璃留在原位不仅能减少玻璃粉尘和碎片带来的风险，还能避免将伤者暴露在有危险的环境中。

如果不能立即打开车门，则应当制订一个通过车窗快速救援伤者的计划，同时要注意，车辆使用的玻璃大部分是夹层玻璃。

院前急救的注意事项

医护人员应注意使自己和伤者远离玻璃破碎产生的危险，另外，须留意玻璃破碎后对温度的影响。如果对于玻璃破碎后暴露在危险的环境中存在担忧，则应与消防救援团队及时沟通，**尽量将玻璃的拆除范围控制在最小范围内**。

第 6 阶段：适当创造救援空间（内部和外部）、启动车辆关停程序和拆除车辆内饰材料

微信扫描二维码关注
“艾迪斯鼎力科技”公众号
观看本页操作视频

微信扫描二维码关注
“艾迪斯鼎力科技”公众号
观看本页操作视频

目的：适当创造外部和内部空间，按照指定的救援计划启动车辆关停程序并拆除车辆内饰材料。

责任人：消防救援团队，考虑现场医护人员的建议。

创造救援空间是救援的一个重要阶段。在这一阶段，已经明确了救援工作的优先顺序，制订了完整的计划，初始救援通道已经打通，并且确定了伤者的状况、位置、方向和受困程度。

创造救援空间的过程应当与救援计划紧密结合，须具有一定的条理性，以便开展一系列后续工作，以及使团队能够对伤者身体状况的变化快速做出反应。

在初步创造救援空间时，应能够解除伤者的身体束缚，完全接触伤者，进而开展完整的初步评估和二次评估。

解除身体束缚，可以在危急受控的情况下及时救出伤者，如在发生心脏骤停或呼吸骤停时，应优先处理这一事项，并尽可能减少车辆结构束缚伤者的时间。

创造更大的救援空间，可以在尽量减少转移的紧急受控情况下救援伤者，如果在医疗评估期间发现伤者的身体情况开始恶化，则可能需要快速救援，比如 5 min 内。创造空间不会中断医疗干预，应尽快完成。在救援过程中，应当优先考虑伤者的临床需求。

采用快速受控救援路径，可创造完整的救援通道。在可能的情况下，应保持伤者身体平直（身体成一条直线），尽量减少脊柱和骨盆的转动，且这一过程应尽快完成。

可以从两个方面创造救援空间

- **创造外部救援空间**——拆除或移动车辆的外部零部件，以改善人员和设备的进出通道，便于进行医疗干预，例如拆除车门、后备厢和 B 柱。

▪ **创造内部救援空间**——调整或拆除内部设备，如座椅、头枕或内饰材料，以创造一个更有利于伤者的环境，并提供能够完全进出的救援通道。通常手动或使用液压工具（即撑顶复位或仪表板顶升）进行内部空间创造。

在团队工作期间要保证其他阶段的工作同时进行，以减少现场救援时间。在打通初始救援通道并开始创造救援空间之后，坚持这种工作方法非常重要。在拆除车辆外部零部件的同时，现场指挥者应当确保车辆内部的救援工作同时进行，创造对伤者有利的救援环境。这项工作通常可以在不需要任何工具的情况下安全有效地完成，如调整座椅（使空座椅倾斜）、拆下头枕，也可以在断电之前操作其他电气系统。

这项工作的关键是操作简单，可以用最少的时间创造最大的空间。救援人员经常忽略在救援阶段手动就能完成的工作。这就导致他们花了很多时间试图在十分受限的空间内治疗伤者。

拆除车辆内饰材料

现场指挥者应在早期阶段确认车辆安全系统及其组成部分。除了目视检查（并在必要时准备使用液压工具）之外，这一过程还应包括拆除车辆内饰材料（例如 A 柱和 B 柱等上的塑料遮盖物）。在这一过程中，要先判断需要绕开的结构元件或安全系统。

对于现代车辆，拆除车辆内饰材料是一个非常困难且耗时的过程，而且救援计划中很少考虑这一过程需要的时间。通常，培训中的车辆款式都比较陈旧，这些车辆的内饰材料更容易拆除，但是拆除现代车辆的内饰材料会有一定难度。另外，如果需要拆除伤者周边的内饰材料，这一过程会更加复杂而且需要更多时间。

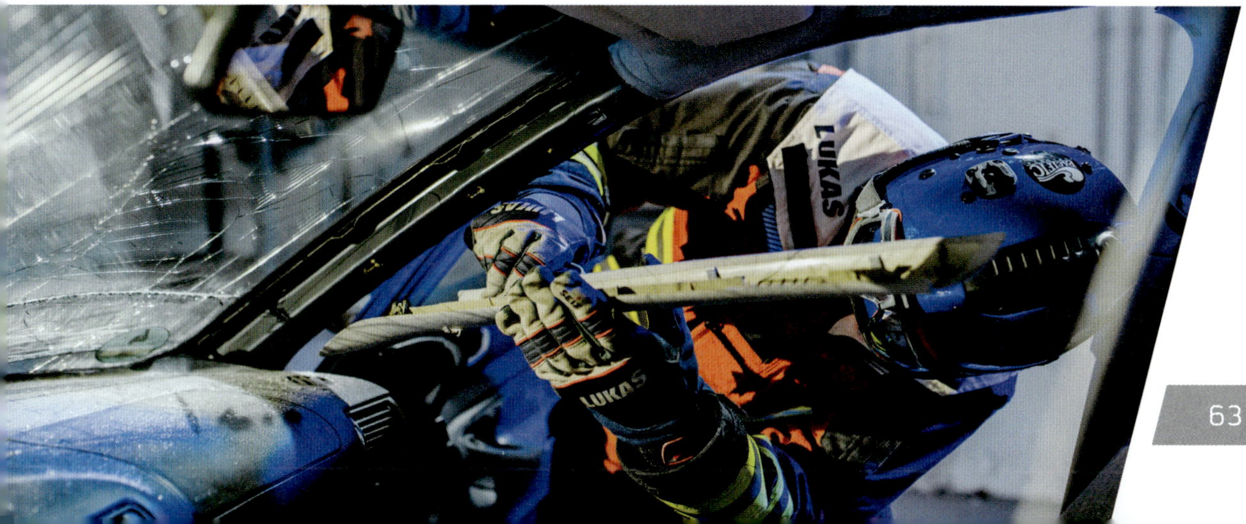

车辆关停程序——关键时机

微信扫描二维码关注
“艾迪斯鼎力科技”公众号
观看本页操作视频

关闭车辆动力系统是多年来我们非常熟悉的操作，已成为我们既定方案的一部分，如断开车辆上的所有 12 V 电源以及关闭混合动力汽车上的高压系统。高压系统从 1997 年开始普遍使用，目的是为了隔离安全气囊和 SRS 系统，同时降低触电的概率（如果是混合动力汽车）。2010 年，纯电动汽车问世，这意味着我们需要更深入地了解如何关闭车辆上的高压系统，从而保证现场工作的安全性。虽然全球市场上有许多种电动汽车，但是所有制造商的关停程序都大体类似，这方面的知识将在另一章节中详细说明。

选对时机非常重要，因为对于现代车辆来说，用来进出车辆和创造空间的许多系统都是电动系统，所以，如果这些系统在使用之前被断电，可能会造成很多麻烦而且会延长现场救援时间。

车辆锁止系统、天窗、座椅、头枕、方向盘、后备厢以及（某些车辆的）踏板都可以电动操作，如果能够在关闭车辆电气系统之前进行识别，就能减少很多工作，最重要的是节省很多时间。

在救援过程中保证安全是第一要务，如果现场指挥者需要关闭车辆电气系统以防发生关键风险问题（如清除可能存在的起火源），则应传达该决定并采取措施。在某些情况下，重新连接蓄电池可以恢复车辆电控系统，但不是每次都能成功。

培训

在车辆救援期间，可采用多种方法创造空间，操作人员应通过培训内容，确保安全有效地应用各类技术。

救援人员要明白，利用车辆内的现有电控系统，仅通过手动操作就能创造更大空间，而在实际救援过程中，我们往往过于关注使用液压（或其他）工具。在培训期间，不要忽略创造内部空间的重要性，并通过“清醒的”伤者确认内部空间在具体情境中的有效性。“清醒的”伤者能够目测移动座椅、方向盘和头枕达到的真正效果。

车辆关停程序能够确保断开高压系统（如果是电动汽车或混合动力汽车）和 12 V 电源系统。这一操作要定期练习，但无法在老款车辆上开展断开电动和混合动力汽车高压系统的常规练习。可通过讨论或参观访问制造商等方式，让操作人员了解车辆结构、系统和标识常识，以弥补此类操作的不足。

在培训和制订救援计划时，应告知操作人员，在利用车辆电气系统（如电动座椅）打通救援通道并创造内部空间之后，一定要关闭车辆电气系统。所有操作人员在培训课程中都应关注拆除车辆内饰材料操作，预估这一过程需要多长时间以及存在哪些困难，并结合救援计划实施这一操作，这一点是非常重要的。

院前急救的注意事项

医护人员应当熟悉消防救援人员在创造车辆内部空间方面的能力水平。如果医护人员对此有所了解，则可以提出适合伤者的救援方案，并能够大致估算消防救援人员所需的时间，从而做出最适合的决策。

医护人员所处的位置非常重要。如果医护人员了解了消防救援人员大致可能开展的工作，则其所处的初始位置可能更有利于空间创造，从而不影响救援过程。医护人员的初始位置可能会影响空间创造，一般不能随意移动，特别是在进行伤者监测工作而且现场正在使用氧气时，如因救援需要必须移动，则应就近快速移开。

第 7 阶段：适当地全面打开救援通道

目的：创造最合适的全面救援通道，提供以伤者为中心的救援路径。

责任人：消防救援团队，考虑现场医护人员的建议。

全面救援通道的创造程度取决于伤者的身体状况。如果伤者受伤严重、时间紧迫，考虑到伤势危急，打开车门可能是最现实的方案。如果伤者情况比较稳定，则有更多的时间进行处理。救援人员可以利用这段时间创造更大的空间，为伤者提供更有利的救援路径，以便进行初步治疗，并最终将伤者救出。

即使是救治体形较小的伤者也存在操作难度，因此救援人员应当清楚，创造空间和打通完整救援通道的程度决定了其能否顺利“进入车辆”，这些操作的前提都是以伤者为中心的。还应注意，伤者的身材和体重可能有很大差异，救援体重为 60 kg 的伤者所需的空间肯定和救援体重是其 3 倍或 4 倍的伤者所需的空间大不相同，救援人员还应做好救援肥胖伤者的准备。

救援人员必须思考在有限的时间内真正能够实现的目标，而这些都取决于对伤者的初始和后续医疗评估。并且这些情况可能会发生变化，救援人员必须有能力应对这些变化。

多年来（当然也是我职业生涯的大部分时间），我们都试图通过拆除车顶进行救援。但是反思后发现这种方法并不是处理所有情况的最佳方案。

适当地全面打开救援通道由以下因素决定

- 伤者的动态状况。
- 车辆的位置和朝向。
- 伤者在车辆内的位置。
- 伤者在车辆内的朝向。

如有可能，救援人员应先将伤者的头部从车内移出来。这能够确保伤者被最大限度地控制，而且固定伤者颈椎的救援人员不需要横穿车辆。但这种方法在有些情况下不太可能实现，现场指挥者和医护人员应确保救援路径考虑到了伤者的伤势。

在绝大多数救援中，最终救援路径由上文所述的因素决定，而且为全面打通救援通道所创造的空间通常一开始就非常明显。这可能是一种反向规划的情况，即先考虑对伤者最有利的救援路径，然后进行反向推理以打通这一路径。

培训

最终的救援路径在很大程度上决定了现场救援时间，因此非常重要。我建议，操作人员在培训期间关注与某类伤害机制直接相关的**适当地全面打开救援通道的方法**。例如，练习完全从侧面救出危重伤者。这通常比拆除车顶更快速、更便捷。

很多时候，培训课程中的终极解决方案是拆除车顶。但是如果明白危重伤者并没有足够的时间等待拆除车顶，就会知道这种方案不太现实。

在救援期间要随时关注伤者的情况，根据伤者的伤势考虑完整救援通道和最终救援路径，不要立即尝试拆除车顶。

院前急救的注意事项

先在初步救援计划中确定最终救援路径，随后消防救援机构根据已确认的伤者的伤势打通救援伤者所需的完整救援通道。医护人员一方面应当准确了解全面打通救援通道所需的时间，并认识到可能造成的延迟；另一方面，应向现场指挥者通报伤者状况的变化，并在必要时更改计划。

第8阶段：伤者稳定、救援和交接

目的：对伤者进行妥善遮挡保护并以安全的方式将其从车中救出来，然后移交给医疗机构（如适用）。

责任人：现场救护人员，与消防救援团队协作。

救援阶段应由现场救护人员从医学角度进行指导，以尽可能谨慎、快捷的方式完成，并充分考虑伤者的伤势，尽量减少对伤者的影响。最后救援工作需要以安全、快速且可控的方式进行，而且救援应循序渐进。粗暴处理和不必要的移动会加重伤者的伤势，同时应特别考虑以下事项。

- **过度移动会加重伤者脊柱和骨盆损伤，**如果可能应确保伤者身体保持平直。
- **粗暴处理可能会让已经凝结的伤口再次出血。**伤者的伤口开始凝结对伤者非常有利，因此尽量不要破坏伤口。

在救援阶段为了尽量减少伤者的移动，必要时，现场救护人员可使用以下设备固定伤者。

- **颈托**（某些地区已经停用颈托）。
- **骨盆夹板**（在理想的情况下，应将伤者移到车外后安装并应紧贴皮肤）。
- **其他夹板固定装备，如脱困器材**（KED）。

另外，要为伤者提供监测和氧气设备，这些设备在救援阶段是必备的。一般将长背板作为救援设备，长背板有时又称“脊椎板”（注意在伤者周围慎重使用“脊椎”一词），它是一种有效的救援设备，但不能用于运输。

救援阶段由谁负责

虽然现场指挥者负责救援人员以及内部警戒线内所有人员的安全，但在救援阶段，控制权须交给现场救护人员，更准确地说，是交给手动固定伤者颈椎的救护人员。此时现场指挥者需要进行安全观察汇报或（在必要时）参与救援。

现场指挥者通常只会在这一阶段（关键安全问题除外）主动参与救援过程。救护人员控制伤者在救援阶段的每次移动，并始终密切观察伤者。他们应当了解团队所处的位置和处理能力，并在必要时调整团队成员的位置，确保团队能够安全地抬起和移动伤者，无须担心跌倒或受伤。如果由于某些原因需要更换固定伤者颈椎的救援人员，则由更换后的救援人员引导救援过程。完成救援后，指挥权交还给现场指挥者。

培训

根据我的经验，消防救援人员在救援阶段都会表现得很出色。这一阶段需要团队成员密切合作，而这正是救援人员擅长的。他们通过一种安全、有条理的方法开展工作。各地区和机构对伤者进行固定及固定方式存在差异。而且，世界各地对是否使用颈托存在争议。在救援之前对伤者进行固定非常重要，这项工作在很大程度上依赖于团队或外部机构提供的医疗信息。

我们需要从各个方面开展关于救治伤者的培训，并考虑肥胖伤者的复杂情况。在培训时一般使用的是救援体重和身材较为平均的真实或模拟伤者，很少考虑救援肥胖伤者的复杂情况。

院前急救的注意事项

消防救援人员通常会协助医护人员从车中移出伤者，但需要医护人员进行指导和引导（如果不用手动固定颈椎，则进行指导）。最好的做法是，医护人员向团队简要介绍伤者的伤势以及需要遵循的救援路径。

第 9 阶段：救援执行情况评估

目的：确保工作人员的健康与安全，评估跨机构执行情况。

责任人：现场指挥者以及其他机构的相关责任人。

应对所有救援情况或培训课程进行评估。评估过程应当成体系，而且能够让救援团队和其他机构的人员对自己所做的工作、工作方式和遇到的困难做出反馈。这一过程还应当体现一定的前瞻性，以便下次能够采取更有效的工作方式及为以后的培训课程提供素材。

评估或汇报一般分成两个阶段，通常两个阶段都由原事件的现场指挥者主持。**这两个阶段分别是即时汇报和事后汇报。**

- **即时汇报。**

在事故发生后立即汇报（在现场且应当在换班之前汇报），确保工作人员的健康与安全，并开展初步讨论。

- **事后汇报。**

通常在事故发生后 2~4 周进行。事后汇报的内容更全面，并且能够汲取其他相关机构的优点。

每次事故或培训都有学习要点，应当掌握这些学习要点并将其用于今后的实践。任何事故或培训都不会完全按计划顺利进行，所以要确保记录评估结果。

对救援人员来说，救援受困人员是一项压力很大的工作，尤其是当事件涉及人员死亡时。如果现场指挥者发现这类事件可能会对救援人员造成不利影响，则应当根据当地政策进行跟进并提供帮助。近年来，我们越来越关注救援人员的心理健康问题。

培训

救援人员应认真对待汇报工作，因为它是救援或培训中非常有价值的学习过程。现场指挥者应当掌握汇报技巧，而且能够有效推进和控制汇报过程。

汇报模型有许多种，而且每种都有其优点，但必须选择适用的模型。

现场指挥者应当总结自己的汇报能力，把每次培训都看作真实的事件来进行汇报。这不仅能够让救援人员选出最佳做法和需要加强学习的内容，还能提高他们的汇报技巧。

即时汇报的内容应尽量精简，必须包含健康与安全要点，特别是可能立即影响安全的重要风险事件。事后汇报应精心策划，有一定的组织性并考虑可能参与救援的多个机构。

院前急救的注意事项

根据医护人员的工作性质，在救援完成之后，医护人员可能会随伤者一同离开现场。也就是说，医护人员不会参与评估过程，这会使消防救援人员和其他参与人员失去宝贵的信息来源。

对于需要进行伤者救援的每起交通事故，我们均应要求所有相关责任人进行即时汇报和事后汇报，但在实际救援中并非如此。身为医护人员，汇报工作可以让其有机会向其他机构进行反馈，并利用这次事件开展一次学习，了解其他响应人员的工作。

因为医护人员的意见非常宝贵，所以建议所有医护人员尽可能参加事后汇报。虽然医护人员不能透露伤者信息，但医护人员的理论基础、采取的措施以及如何应对挑战值得消防救援人员学习借鉴。

快速干预

快速干预是车辆救援中经常使用的术语。不同的人对它有不同的理解，而且经常把它与快速救援混淆。

在文献或标准操作程序中很少提及快速干预这一概念，而且现有的团队工作法和本书的 2.0 版团队工作法也未出现这一概念。

考虑到世界很多地方逐渐开始使用快速干预这一概念，所以本书有必要对其进行定义，提供并引入有利于预先计划、培训和实施的方法。

2.0 版团队工作法对快速干预的定义如下：

“车辆救援的两阶段响应：一是，在打开接近伤者的救援通道之前，使用专门的资源建立安全的工作系统；二是，在完成 2.0 版团队工作法时，利用后续的其他资源推动救援工作。”

一些消防救援机构为道路交通事故提供两个阶段响应：快速干预响应和增援响应。快速干预响应的规模较小，通常由专用车辆携带特定救援设备（包括液压救援设备）和少数人员。这些人员的职责是在 2.0 版团队工作法的初始阶段开始之前，建立安全的工作系统。增援响应提供额外的人员和设备支持（专用电动剪切器、扩张器和撑顶器），以完成救援任务。

我们从快速干预模型中学到了什么？

- **“快速”一词是指通过使用更小、更灵活的车辆快速抵达事件现场，**并不是接触伤者（或救援伤者）实际所用的时间。
- **利用比初始设计人数更少的人员开始 2.0 版团队工作法的初始阶段，这是很有必要的。**
- **两个阶段使用的工具和设备存在明显差别。**
- **两个阶段响应实际上是根据现场最初已有的人员和设备将 2.0 版团队工作法分成了两部分。**
- **救援人员仍以安全且即时的方式进行救援**（根据伤者的伤势）。

车辆更小、设备更少

快速干预响应通常意味着早期救援阶段可用的工具、设备和人员较少。

尽管如此，其他团队工作法也同样适用，只是在资源允许的情况下尽可能使用 2.0 版团队工作法。由于专用车辆更小，因此需要慎重选择快速干预时携带的工具和设备，确保配备执行任务所需的必要工具即可。

微信扫描二维码关注
“艾迪斯鼎力科技”公众号
观看本页操作视频

现场动态

虽然快速干预与标准干预所用的团队工作法相同，但是由于人员和设备较少，所以现场的动态状况会有一点儿差别。

针对快速干预响应的现场目标，救援人员应进行充分的沟通并相互理解，如果事件更复杂（多位伤者、多台车辆或救援通道受限），则需要在增援人员抵达前创建一个安全区，以便控制现场、打通救援通道，以及与伤者建立联系。现场指挥者需要确定救援优先顺序并适当分配有限的资源（如有多位伤者，还需要对其进行分类）。当其他人员抵达时，应立即与其沟通关键的安全信息以及已制订的救援计划，而且救援人员应立即“调动”起来，确保进行无缝衔接并及时推进救援过程。

与其他救援事件一样，对现场进行初步评估后可能发现还需要其他资源（除了即将到来的增援响应以外），应尽快安排这些资源。另外，如果伤者的伤势较严重，则快速干预人员需要立即进行救援，以实施适当的医疗干预。最后，应将快速干预这一内容纳入跨机构培训中，确保与警方和救护服务机构建立最有效的现场工作关系。

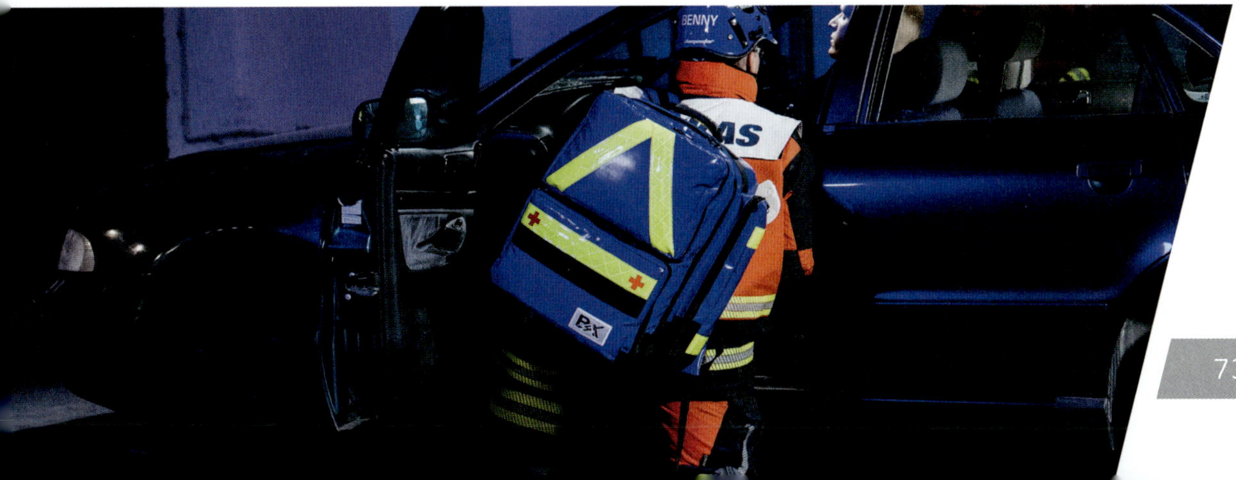

LUKAS
LUKAS
LUKAS
LUKAS
LUKAS
S-GARD

培训

76 引言
78 跨机构培训
80 培训方法
86 提高培训质量

引言

在我看来，本章是本书最重要的部分。在车辆救援领域，高质量的培训和预先计划极其重要。

虽然如此，但从我的经历来看，至今还有许多国家在车辆救援的培训次数、频率和质量方面有待提高。当然，这是一个非常笼统的说法，不能反映每个单位或个人的救援水平，而且他们也有很多优点。但是，据我在世界各地工作中收到的反馈，操作人员反复提及的话题是缺乏培训和高质量的教学信息，以及如何辨别信息的有效性和时效性、如何获取和从哪里获取最权威的信息。

人们可能想当然地认为这种情况主要存在于发展中国家和地区，但事实并非如此。在世界上一些长期“引领”车辆救援水平的国家和地区，救援人员一般每三年才接受一次为期一天的培训（由一名“专业讲师”提供培训），而且这些培训也不一定以提高技能为目的。培训的重点通常是维持当前的技能水平，而且培训的目的是证明他们可以进行安全的操作和具备相关能力，并不能真正地提高车辆救援技能、知识和认知。

用于救援培训的车辆通常也不能反映道路上真实的事故车辆情况，在大多数情况下，消防救援人员培训中所使用的车辆的车龄已达15年，甚至更久。显然，这些车辆并不能反映现代车辆的结构特点，现代车辆的结构及系统会给救援操作带来更多挑战。

然而对于许多消防救援人员来说，即使拥有15年车龄的车辆也是一种奢侈，由于多种原因，他们在培训中根本无法实际拆解车辆，仅限于纯粹的理论培训，这并不利于培养关键技能。2014年，我到一个国家进行培训，他们提供的唯一培训资源是一扇25年前的车门，不是整车，只有一扇车门。而且他们告诉我，不能对车门进行剪切操作，这令我很诧异。

世界上许多国家和地区的二手车都有一定的价值，基本不存在“报废车”的概念。很难想象世界各地的消防救援人员如何仅通过理论知识来达到培训的目的，并以此为基础进行车辆救援，但有些地方确实如此。

根据我的经验，在许多机构中，车辆救援培训的优先级较低，更多培训课时被分配至风险更高的科目。这是可以理解的，因为不能缩减呼吸设备使用和消防灭火等核心课程的内容，但是全球范围内的救援人员必须重新审视车辆救援培训工作。培训内容和伤者的愈后状况直接相关，如果能理解这一点，救援人员就会投入更多的时间制订（部署）车辆救援计划。

培训的规划、上传下达和审核所涉及的学术领域极广，远远超出了本书的讨论范围。相关内容我能单独列出好几章，它们也确实很重要，但在很多培训人员接触不到车辆的情况下，详细介绍这些就没有必要了。我很庆幸，大多数救援人员（从技术角度出发，即消防救援人员）通常都有相似的学习爱好（动手或亲身体验）。这不仅能够让我这个教育者的工作更加轻松，还能减轻那些制订计划、提供培训并审核培训成果的讲师的工作负担。

最后，我建议所有救援人员批判性地思考当前的培训体制，并问问自己以下问题。

- **培训与我的职责有关吗？**
- **培训者是否具有专业知识并热衷于救援工作？**
- **培训的内容是否既包括理论知识，又包括实践操作技能？**
- **培训的内容是最新的吗？这些内容是基于事实而不是个人观点吗？**
- **培训是不是既有趣又有用？**
- **培训囊括了所有相关机构（单位）吗？**

如果其中任何一个问题的答案是“否”，那么救援人员应该尝试做一些改变，或自己担任讲师。

跨机构培训

车辆救援是一项跨学科活动，因此不能孤立地进行培训和准备。

救援的技术领域和医疗领域不可分割，虽然世界上有一些消防救援服务机构已经提高了他们的医学技能、知识和认知，但在大多数救援工作中仍由救援现场负责伤者安全的医护服务部门（大部分地区）负责医学监督。当然也有例外的情况，在都柏林（爱尔兰共和国）和美国等地，医疗辅助工作（消防急救员的工作）是消防救援组织职责的一部分。但在世界上的大部分国家和地区，仍然需要更多的跨机构培训。

有人认为，仅在主要的救援响应机构进行跨机构培训，或者仅关注消防人员、医务人员和警方（执法）之间的联络即可。但我认为需要大局观，让可能参与现场救援的所有相关人员和设备都参与进来。

- **救援车和大型起重机**（如果涉及大型车辆）。
- **公用设施公司，**如果燃气、供电、供水设施受到影响。
- **专业救援团队，**如城市搜救和车辆事故的救援。
- **水上救援专家，**当车辆落水时。
- **交通事故调查。**

虽然协调多个机构的培训和预先计划可能很困难，但是与尽可能多的相关负责人进行沟通并保持良好的关系是非常重要的。只需要与相关负责人进行简短的通话就能收获很多有价值的信息，更有可能促成跨机构的多部门沟通。

跨机构培训和预先计划应重点关注以下内容

- **角色与职责——谁？在现场做什么？**
- **组织的优先顺序。**
- **关键安全注意事项。**
- **各组织所用的设备和工作法。**
- **能力——他们能做什么？**
- **限制——他们不能做什么？**

了解后勤人员的实际情况也很重要，例如他们的位置、可能的响应时间和可用时间。这些信息能够让现场指挥者有效地规划他们对其他资源的需求。

如果你是救援人员，请问一下自己以下问题

- **瓢泼大雨的深夜，道路边会是你结识现场其他机构工作人员的最佳时机和最佳地点吗?**
- **这是了解他们的工作方式、预期结果和工作局限性的最佳时机吗?**
- **这是打听他们名字的最佳时机吗?**

上述问题的答案应该是否定的。如果我们不和其他合作机构的人员提前沟通，了解相关信息和共同培训，就不能够为伤者提供更好的救援服务。单独来看，每个组织都是可靠的、高效的而且技术娴熟，但是如果不在一起进行定期培训、也不（批判性地）了解其他组织的方法和原理，则很难取得较好的结果。

根据我的经验，世界上许多国家和地区都有跨机构培训的优秀范例，但这通常比较少见，而且往往是当地从业人员安排的，不是相关负责部门统一安排的。相关部门应定期安排参与道路交通事故救援的所有操作人员一起进行培训，确保培训可持续性，并定期进行审核，以确保达到最佳效果。

例如足球队没有守门员、橄榄球队没有四分卫就没有必要进行训练，因为这种训练是没有意义的。所以，主要成员都必须参与每次培训和预先计划。

培训方法

培训的定义是：

“教给人或动物一项特定技能或特定行为方式的行为”。

这个定义表明，学员会在每次培训中学习新的技能或行为，他们会进步、创新和发展。但是，当回想起我的救援服务职业生涯时，我接受的绝大多数“培训”都是在巩固我以前学过的技能，通常是许多年前学过的技能。所以，并没有进步，仅仅是原地踏步。事实上，对于车辆救援等学科（技术进步非常快的学科），可以说这种培训实际上是在倒退的。当然，有时候能够学到一些新技能，也有新设备、政策或方案，但这种情况很少，并不常见。

定义中提及的“行为”，可以进一步解释为“一个人的行为方式或表现自己的方式，特别是在对他人时”。这是一个有意思的因素，因为很少有人把人为因素作为车辆救援常规培训的一部分。这是因为任何救援任务的成功不仅依赖于团队协作，还依赖于跨机构之间的协作。成功救援依赖于人际互动，而相互理解对方的角色和职责、保持基本沟通、现场管理和关键问题交接只是人际互动中很小的一部分。另外，还要认识到这些人际互动的背后是巨大的压力和工作的疲劳。本书将在后面的章节中讨论人为因素。

使自己的基本技能、知识储备以及对职责的理解保持在一定的水平，这是非常重要的。这些可以确保我们安全、高效地执行任务，还能为个人和组织提供道德和法律保护，但这只是我们学习的一部分，我们还应该不断提升自己。

车辆救援领域的格局在不断变化，在技能、知识储备、认知和操作应用方面始终存在提升空间。车辆结构、安全系统、替代燃料的不断更新以及创伤护理知识的不断加深促使我们必须不断提升自己，但要从哪里着手呢？

确认培训需求

制订培训计划之前，应当了解个人、团队和组织的现状。如果不了解团队成员目前掌握的技术、知识和理解水平，制订培训计划就毫无意义。身为团队领导、教练、讲师或者是仅作为负责制订计划和提供培训的人员，了解大家的需求非常重要。我们需要知道团队成员所处的职业生涯阶段、了解其所受过的培训及其操作经验。只有这样，才能明确大家的培训和发展需求。

我们需要了解团队成员是什么类型的学习者，他们吸收和处理信息的方式如何，而且还要制定评估培训有效性的流程。这些都是决定培训能否有效的关键驱动因素。当然，我们也应当意识到团队成员所掌握的知识水平不同，任何培训都需要满足不同层次成员的需求。

事故发生后的汇报工作和课程培训的重要性不容忽视，团队在这些情境中的表现在某种程度上将成为未来救援作业的基础。

培训还应该基于新设备、新技术，以及我们了解到的已报告事故或关键风险事件。

由于互联网上存在着大量的有关车辆救援方面的信息，这些信息有很多是相互矛盾的、不相关的，甚至是完全错误的，这给消防救援团队带来了许多困惑。我曾目睹某些个人和组织，仅仅根据某些人的意见进行培训并制订操作方法。

多年来，我试图通过培训初步改变行业内的一些普遍观念，主要是在车辆结构、安全气囊，以及最新的电动汽车方面。在培训中，使用最新的实证信息，并增加一些可感知的风险（电动汽车、安全气囊带来的风险）背景，可以使受训者更容易理解和掌握培训内容。这种培训方式的改变是一个好的开始。在一些采购预算有限且救援设备比较落后的国家和地区，这些与车辆结构有关的问题可能更难处理，新车的结构可能会给这些国家和地区的车辆救援带来困难。在这些区域需要将替代技术纳入所有培训计划中。

应该由谁提供培训

根据我的经验，提供车辆救援培训的人员是对这方面有浓厚兴趣和真正热爱这份工作的人，他们在专业的车辆救援方面和如何有效地开展教学方面可能有相关的资质，也可能没有相关的资质。而培训讲师可能没有公认的资质，只是依靠丰富的操作经验进行培训。

令人担忧的是，一些培训讲师既有专业资质也有教育资历，但对培训主题完全不感兴趣，也毫无热情可言。实际上，他们更愿意教授其他主题，只是为了“凑数”才讲授车辆救援课程。之所以提到这一点，是因为这是一个根本性的错误。我们都知道机构要在有限的预算内执行培训计划，所以应该让合适的人来培训。如果不能做到这一点，就可能提供无效、不符合标准的培训，既不经济又不道德。要确保救援工作的成功，从一开始就要有合适的人来传授救援知识。

互联网上的很多学术文章均证明，一位具有专业知识、充满激情、满腔热忱、态度谦逊、善于沟通而且从根本上了解自己学生的教育工作者，毫无疑问会取得成功。他们能够激励大家，让大家对这一主题充满热忱。简言之，站在前面讲课的人非常重要。

我曾担任英国消防与救援服务部门的培训讲师，最初专门进行车辆救援培训，大概持续了两年时间。后来，由于工作职责的改变，我从专业车辆救援培训讲师转变为通用培训讲师。我每天讲授的内容从救援培训变成了涵盖呼吸设备、高空作业、策略性散热通风和消防灭火等内容的通用培训。很快，车辆救援培训工作就只占我全部工作的不到 10%，而且当我在进行消防灭火培训时，经常有其他经验较少而且对救援不感兴趣的人在做车辆救援培训。如果我没有在正常工作之外做与车辆救援和创伤护理有关的工作，那么我在救援方面的技能和所掌握的知识很快就会退步。实际上，在我做的上述培训中，任何方面我都不是专家，我只是一个引导员，根本谈不上能激发他人的热情。

要想成为某个领域最好的培训讲师，需要付出最宝贵的时间。花时间专注于这一主题，充分了解关于它的一切，只有这样才能成为一个真正有价值的能够启发下一代救援人员的培训讲师，更重要的是，可以培养出未来的培训专家。我每年大概会花 800~1 000 h 用于继续教育，进行研究、写作以及与消防和医疗救援领域内志同道合的人互动。

担任车辆救援专业培训讲师两年后，我当时觉得自己是这个领域的专家。事后来看，我离专家还差得很远。接下来 10 年的经历让我明白了，我花费了很多的时间，去了很多地方，牺牲了很多与家人相处的时光，才达到了今天的技能、知识储备和理解水平。虽然并不是所有的培训讲师都能够获得我在消防救援领域内的机遇，但热情、奉献、谦逊和激励他人的能力才是取得成功的关键因素；其他因素还包括经验和时间。

简言之，如果没有合适的培训讲师，救援人员就无法发挥他们的潜力。

应该多久培训一次

由于种种原因，我们应将培训看作是一个循环过程。应该不断提高我们的技能、知识储备和理解水平，并从实践的角度避免技能水平下降。根据我的经验，技能水平下降是消防救援人员安全有效地完成车辆救援等复杂任务的最大阻力。要想知道消防救援人员是不是有一段时间没有使用过救援工具了，通过他们的操作和工作效率就能看出来。消防救援人员应该尽量让所用的工具成为他们手臂的延伸，而只有通过反复训练才能做到这一点。

学习和发展领域有一个概念叫作“间隔效应”，简言之，就是间隔一段时间重复学习知识要点。世界各地的消防救援服务机构通常依据这一概念设计和提供培训内容。研究表明，设计得当的重复培训是非常有效的人员培养方式。这种方式适用于展示学习素材（如演示）以及需要动手的技术（如救援技术）。还有研究表明，如果没有妥善安排学习活动之间的间隔，结果可能会事与愿违。

在我的消防救援服务职业生涯中，提交给我的培训计划均有意或无意地反映了“间隔效应”这一概念。但我认为，学习活动之间的间隔的制定并没有经过深思熟虑，只是简单地反映了我们认为掌握和理解这些知识“有多难”。间隔也反映了健康和安全要素。也就是说，与活动有关的风险越多，就会越强调重复。

那么，学习活动之间的理想间隔到底是多少呢？我们需要间隔多长时间再把团队带到室外重新进行车辆救援培训呢？根据研究得出的结论，间隔时间稍长一些通常比间隔时间短更加有效。因此，“每周都要培训”的建议，可能需要重新考虑。研究建议，重温一个话题的理想时间通常是忘记它所需的时间，即记忆留存水平。

我们很难确认职业生涯中了解和学习每项技能的记忆留存水平，但对于日常工作中经常用到的流程和程序，可能需要认真地考虑其培训频率。从经验来看，某些针对特定设备或程序的培训课程在刚开始时，学员总是一脸茫然且理解有限。事后看来，这些情况可能是培训的间隔时间设置不当造成的。

进行循环培训（而不是简单的线性学习过程）的另一个原因是，经常会有经验较少的新学员加入培训中来。这些人需要从某个合适的时间点开始他们的学习，循环培训能够确保他们在有限的时间内接触到全部知识。

制订个人培训计划与课程本身一样重要。我们应该抓住一切机会关注自己掌握的知识和记忆的变化，并对计划进行必要的调整。切记，个人计划应该与团队需求保持一致，而且要考虑参加培训的所有人员，包括经验较少的人员的需求。

提高培训质量

必须始终努力提高培训质量，做好更周全的准备。

根据我的经验，我们很容易就能提高车辆救援培训质量和做好准备工作，其中一些改善工作需要投入时间、设备和基础设施，但有些改善工作只需要采用其他工作法或转换注意力即可，这是大部分人都能做到的事情。只要用略有不同的工作方式，摆脱无效的培训方法，就能够很快改变救援结果。

有些工作方式是因为我们经常在旧车上（无法代表我们要面临的真正挑战）进行培训造成的，而有些只是习惯做法。但在大多数情况下，我认为是因为我们没有做到真正的沉浸式培训，也没有将救援中的实际动态过程引入培训中，因此也无法检测我们的能力。而且，我们经常单独进行技术演练，没有把它放在完整的救援计划中，这是脱离实际的，不是很好的准备方式。

车辆救援中有些要素存在一定的操作难度，可能影响安全，也可能延长现场救援时间，但这些在培训期间却很少得到重视。我们通常会忽略这些要素，没有真正考虑它们对操作的影响。坚持下述基本原则，将大大提高我们的救援效率。

同时操作

你是不是经常看到有消防救援人员用液压扩张器拆下车门后才发现线束没有断开，所以不得不在工具箱里找剪刀。

结果发现剪刀已经钝了，又不得不重新来拿液压剪切器。这种情况，还有其他类似情况，都很常见，虽然看似只有20~30 s的延迟，但这些情况的累积效应，通常会导致现场救援时间延长。

在救援过程中必须能够预见一些可能发生的情况，并准备好应对措施而不是被动响应。这样做的目的是为了使几种操作在现场同时进行。在进行培训、参加竞赛和担任操作指挥者期间，我见到的最大问题就是因为缺少同时操作而导致救援工作进展缓慢。团队必须能够超前思考一到两个步骤，并在团队工作法的不同阶段做到无缝切换，这是培训的基础。消防救援人员要确定需要做什么，并提前做出响应，这样才能减少现场救援时间。

只有某个消防救援人员有能力预见需要做什么是不够的，而是要培养整个团队的提前预见能力。应找出缺少同时操作的原因，让团队在救援操作中努力思考和积极应对，并将其变成培训的重点。

车辆稳定性

根据我的经验，在培训课程中一般不会关注车辆的稳定性。这主要是因为培训一般都在车轮着地的车辆上进行，在操作开始前我们会插入止动器、支撑垫块和楔块，然后开始真正的训练。在不调整车辆位置的前提下，车辆稳定性实际上是救援过程的基础，因此这应该是培训课程的重要部分。

关于车辆稳定性，培训的内容有很多，包括从车轮着地到侧翻再到倒立的车辆，以及涉及多辆汽车的复杂稳定性的注意事项。我经常会设置一些看起来不可能但实际上有可能发生的情形，仅从这个原因来讲，我们就应做好准备。

稳定车辆并不是一个简单的过程，即使是最基本的工作法也需要系统地准备，这样才能确保安全有效地稳定车辆。由于缺少重型起重设备，所以难以设置更加复杂的培训课程，但应该尽量设置救援过程中可能遇到的真实场景，让团队人员亲身体验。

拆除车辆内饰材料

在使用液压破拆工具或电动锯之前拆除车内的塑料内饰材料已经成为标准做法。这有助于识别需要绕开的安全系统组件（如安全气囊）和结构元件。在培训中用到的老式车辆上，这个流程非常简单，耗时少。

一般情况下，培训中不需要对伤员进行处置，所以这个流程和车辆稳定性一样，一般不是培训的重点。但现代车辆上一般有非常贴合的塑料内饰材料，而且周围还有危重伤者，如果能够想到这一点，就会发现培训课程上所花的时间和现实救援时所花的时间存在较大出入。

在现场或预先计划期间，很少考虑到所用时间的出入。培训期间，应将这一点纳入计划之中并讨论怎样操作更节省时间，一旦人员进入车辆应尽快拆除车辆内饰材料以缩短救援时间。从操作角度来看，我经常看到救援人员已经准备好切割，但又不得不等待其他人员拆除内饰材料以露出车辆柱体。请牢记同时操作的重要性。

车辆位置

前面已经讨论了救援非车轮着地（如侧翻和倒立）的车辆的困难性。而车辆的静止位置决定了初始和后续救援过程，所以现场指挥者应当研究各种培训方案，提高自己的决策能力。

同样，工具操作员和救护人员应练习在不同朝向和位置的车辆上打通进出通道、创造空间和治疗伤者，并与现场指挥者一起定期练习如何设计和执行救援计划。

另外，在不同朝向和位置的车辆上进行破拆培训，能够让救援人员在必要时确认和考虑调整车辆位置的方案。

最新款车辆

虽然几乎不可能用最新款车辆进行破拆培训，但应尽一切努力与车辆制造商合作，让消防救援人员能够了解最新的车辆设计、结构和安全系统。

虽然世界各地有很多组织能够提供相关帮助，但是对于有些地方来说，使用最新款车辆仍是救援培训中最困难的部分。世界上有些国家和地区的救援组织已经与车辆制造商和保险公司合作，希望能够获得最新款车辆，而且已经取得了不同程度的成功。

救援组织需要在测试或购买液压救援设备时，确保其适用于最新款车辆，这样才能了解设备的有效性。

碰撞受损车辆

微信扫描二维码关注
“艾迪斯鼎力科技”公众号
观看本页操作视频

和最新款车辆一样，碰撞受损车辆也非常难寻，极少用来培训。如果有重型机械，可以对车辆进行破拆，但这对救援人员来说不容易实现。

在“完整的”未受损车辆上培训能够让消防救援人员学习基本原则，身为培训人员，我希望我的教学方式能够让学员将技能和知识应用到救援中的受损车辆上，但这并不是完美的解决方案。我们应努力寻找能够用于培训的碰撞受损车辆。

有两种关键技术需要在碰撞受损车辆上操作才能真正提高消防救援人员的技能，即仪表盘移位和撑顶复位。

微信扫描二维码关注
“艾迪斯鼎力科技”公众号
观看本页操作视频

在实际救援过程中需要从碰撞后的位置开始救援，但经过激烈的正面碰撞后，仪表盘不可能在原始位置，所以在未受损车辆上进行仪表盘移位意义不大。因此，在培训期间，通常会把仪表盘从原始位置移到最严重碰撞时都不可能到达的位置上。在现实救援中，我们要做的就是把仪表盘推回到原始位置，一般只需推回十几厘米，以解救受困伤者。在进行仪表盘移位时，培训中使用的未受损车辆和实际救援中撞击后的车辆之间存在很大差异。我们只有在受损车辆上培训，才能真正感受这种差异，提高熟练程度。

撑顶复位也被称为“复位”，用液压撑顶器将车辆结构推回到接近原始形态的某个位置上，以创造空间或解救受困者，如在发生重大的侧面撞击后。如果不能在这些被损坏的车辆上进行培训，就无法精进相关技术。

由于缺少现成的碰撞受损车辆，在培训中应该尝试用模拟车辆来代替，并为预先计划提供更符合现实的条件。

高保真模拟（伤者）

车辆救援培训是为了更好地救治伤者，因此，如果没有实际受伤或模拟的伤者，很难让救援人员体会到救援的紧迫感，也就难以体现培训的价值。在近 30 年的时间里，我所接受的培训都是拆解一辆老式车辆，为了“救出”一个大沙袋。沙袋没有进行类人处理，只是被放置在了真人所处的位置上。这种情境缺乏真实感，并不能使学员“沉浸”到课程当中。

在过去 10 年左右的时间里，我有幸和一些救援培训领域中的佼佼者合作，讲授了许多可提供超现实伤者模拟的课程。学员的参与度明显与之前不同。现在的培训和救援现场有直接的相关性并能创造背景环境，培训突出重点，而且学员能够立即领会。伤者可能会尖叫、流血，给出动态反馈，这些都非常宝贵。

所有的培训课程都应该以伤者为中心，无论是团队成员、志愿者还是我们自己，大家都应当做得更加精心和详尽，这就是救援培训的意义。

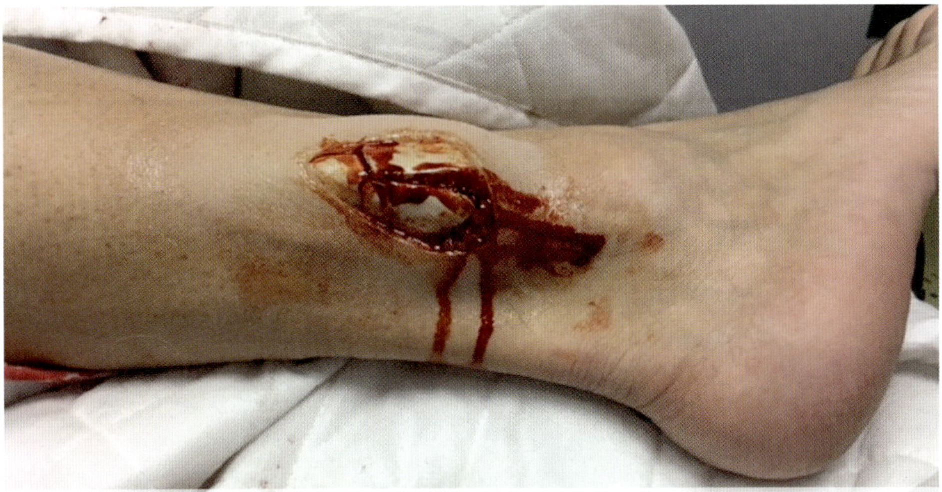

由专业艺术家制作的模拟伤口

模拟伤害提供了真实的培训环境，增强了学习体验

LUKAS
112
LUKAS
LUKAS
LUKAS
LUKAS
LUKAS

人为因素与团队资源管理

96　引言
98　适应性
100　情景意识
102　决策
103　沟通

引言

“人为因素”是一个非常宽泛的术语，常在人类如何与周围世界互动的研究中被提到，也经常应用于工作场所，以提高个人和团队绩效。

“人为因素”有时也称为“**人体工学**”，过去40年来，这一课题已被世界上许多关键风险行业采用并加以整合。例如，1979年，美国国家运输安全委员会建议对机组人员进行“驾驶舱资源管理”（CRM）培训。这个提议来源于重大事故的飞行数据记录器（FDR）和驾驶舱话音记录器（CVR）的研究结果（随着这一概念的传播，“团队资源管理”一词现在已被广泛使用）。据了解，大多数飞行事故都是由于机组人员无法应对所面临的情况做出反应造成的，而不是缺乏能力、技能或由于飞机技术故障。无法做出反应的情况包括机组成员之间缺乏沟通、没有情景意识。这些通常是会导致机组人员没有团队合作意识，造成工作冲突以及最终导致飞机发生事故，甚至多人丧生的单个或连续的决策。

只有承认人人都会犯错这个事实，才能达到增强团队资源管理的目的。每个人都会犯错，且错误在任何工作环境中都有可能发生，只有理解了这一点，组织才能够采取积极的预防措施来降低错误的发生率。预防措施包括改善工作环境、完善系统和程序，并充分考虑人的能力的局限性。这些变化能够增加人类与环境之间的互动，从而减少出错的可能性。

关键风险行业通过多种措施推进了这一点

- **避免依赖记忆和需要来记录关键风险信息，**而应该根据关键指标用书面文字来记录，例如使用检查单（航空业）。
- **改进药物标签内容**（医疗业）。
- **简化和标准化流程**（石油、天然气产业和核工业）。

2011年，我在为院前急救提供培训时接触到了“人为因素”这一概念（特别是团队资源管理）。在此之前，我从未意识到这一概念，在接受过的培训和实际救援工作中也从未涉及过。我们经常学习人员和技术操作方面的管理经验，但这些都没有关注人为因素或团队资源管理。在过去的20年里，我一直是关键风险行业里的团队成员或领导者，但我却没有关注到这一方面，想想真是令人诧异。

救援人员在应用交通事故救援的工作法时，通常没有意识到人为因素的重要作用，但这一点恰恰是必须要考虑的。车辆救援不仅是一个团队任务，也是一个跨机构协作的工作，人为因素对救援结果起着关键作用。

只有更多地了解人为因素，并定期将这些因素纳入培训和预先计划中，我们才能在改善道路交通事故的结果中取得最佳效果。我们的工作方式和工作结果在很大程度上依赖这些注意事项，不论救援人员多么熟悉液压破拆救援工具的使用，一个安全、及时、以伤者为中心的救援任务都要依靠了解周边环境的团队来完成。

这个课题非常广泛，本书中不可能全部涵盖。我建议每位参与交通事故救援的人员都应该自己研究这一课题，考虑其与团队的关联性。尤其要注意人际关系对团队工作效果的影响。有些研究已经被证实，那就是在有压力的环境下，救援人员与同事的私人关系会直接影响其工作表现。

交通事故救援现场影响救援人员表现的一些团队资源管理关键要素包括以下四个方面。

- **适应性。**
- **情景意识。**
- **决策。**
- **沟通。**

适应性

适应性可以简单定义为：

“从困难中迅速恢复的能力；有韧性。”

它适用于个人、团队和组织。

当面临对个人产生长期影响的重大事件时，人们需要克服困难。这一过程可能需要数周、数月，甚至数年才能恢复。这也适用于动态的情形，例如在参与交通事故救援等事件时，消防救援人员经常在压力很大的环境下应对复杂的挑战和困难。在这种情况下，消防救援通常需要在很短的时间内快速恢复并继续工作，如果能够相对轻松地做到这一点，就能够确保工作流程继续进行，且不会产生不必要的延误。

如果实施的技术或救援计划无效，这就成为工作中遇到的一个困难，是需要消防救援人员快速克服的。领导和团队工作适应性强，可确保及时找到解决方案并快速推进。

个人适应性

个人适应性因人而异。我们希望所有消防救援人员都能在自己的角色中表现出较强的适应性。根据我的经验，消防救援人员一般都认为自己能够轻松战胜困难，及时应对各种具有挑战性的情况。这通常是基于消防救援人员受过的培训和平时积累的经验。但事实上，团队中有些成员的适应性比其他人差，而且个人适应性是动态变化的，大家应该意识到和理解这一点。

现场指挥者和团队领导身为领导者，适应性通常都比较强。他们需要做出动态决策，并对自己的行为负责。他们经常需要在有危险和瞬息万变的环境下负责团队和公众的安全。由于个性特点，他们更倾向于激励自己提升，而那些适应性较差的人，往往无法取得成绩或疲于应付这一角色带来的各种挑战。

团队适应性

因为适应性因人而异，所以会安排不同能力水平的成员组成一个团队，共同应对困难情形。毋庸置疑，强有力的领导能够提高团队的适应性，一个能够引领团队渡过难关的指挥者将会取得更好的成果。

另外，一些团队成员在遇到挫折后可能需要调整一段时间后，才能重回工作岗位，这就是适应性较差的表现。

提高适应性

通过高质量的培训和预先计划，可以提高消防救援人员从困难中恢复的能力以及适应性。技术、知识储备和理解能力的提高不仅能够减少在现场遇到困难的可能性，还能让消防救援人员在遇到困难时，有能力积极、及时地做出反应。掌握必备的技术和工作流程很重要，但减少意外因素也同样重要。意外情况非常考验消防救援人员的适应性，因此预见各种情况发生的可能性可以减少意外情况的影响，让其时刻保持镇定。

培训和预先计划应确保消防救援人员已经准备好应对任何可预见的状况。简要讨论注意事项和“假设”情景可以提高消防救援人员应对不良事件的能力，进而在操作过程中提高适应性。

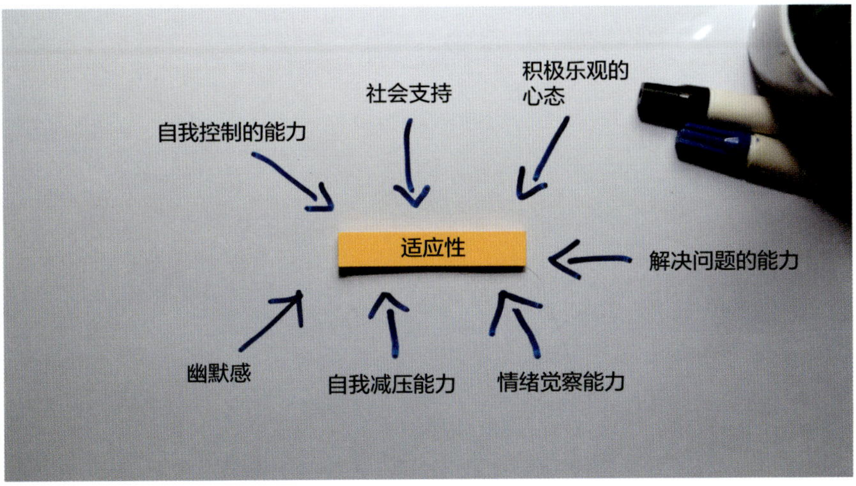

情景意识

情景意识（Situation Awareness，SA）是保障安全工作环境和及时解决事件的重要因素。感知周边情况能够让我们果断地做出反应和最合适的决定，从而有机会获得成功。

2005 年，Endsley 将情景意识定义为“*在时间或空间方面感知环境元素和事件，理解其含义，并预测其未来状态*”。

从上面的定义可以看出，情景意识的过程分为三个阶段：知觉、理解和预测。此外，我们可以结合交通事故救援的方式来考虑和简化这一定义。

- **在时间或空间方面感知环境元素和事件。**

360 度全方位评估能够提供关于现场、车辆和伤者状况的早期指征的信息，使消防救援人员能够识别危险和风险，采取控制措施，并确认对其他资源的需求，以及了解救援阶段的关键时间节点。

- **理解其含义。**

从环境中收集信息之后，就能利用消防救援人员具备的知识、理解能力和技能来理解和判断他们的所见所闻，并对情况进行评估。然后就可以制订一个切实可行的计划。

- **预测其未来状态。**

在收集并处理了来自周围环境的信息，并根据理解采取措施之后，我们就能预测可能发生的状况，并做出适当的决定。

根据情景意识的上述定义可以确定，情景意识适用于交通事故救援，因此良好的情景意识是安全及时实施救援计划的关键。和适应性一样，救援人员可能会说他们的情景意识就是自己的“第二天性”。但是，我们应该不断提升自己的情景感知能力。

要知道有些因素会影响情景意识能力，我们应该采取一些措施提高这方面的能力。

影响情景意识的因素

以下列举了一些可能影响情景意识的因素

- **压力**——如果压力太大，收集和处理信息的能力就会降低。
- **心理因素**（疾病、药物）——生病或服药会影响处理信息的能力。
- **成见**——如果对将要发生的事情有先入为主的想法，往往会忽视周围实际出现的情况，这会导致情景意识的丧失。
- **培训**——质量不佳或过时的培训会导致情景意识变差，因为没有足够的条件在关键风险情形下做出正确的响应。

提高情景意识

可以通过培训和预先计划提高情景意识，但在交通事故救援时，所有团队成员应牢记以下几点。

- **具备良好的操作技能。**
- **现场指挥者**——简要介绍团队成员并为其分配任务。
- **获得所有团队成员的动态反馈。**
- **接受他人的建议和意见。**
- **严格要求自己的行为。**
- **事先排除所有可能性。**
- **积极提出疑问。**

决策

合理的决策是成功进行车辆救援的关键，它需要所有团队成员既拥有良好的理解和处理信息的能力，又能基于判断、培训和经验做出合理的决策。无论是现场指挥者制订救援计划，还是消防救援人员制订救援方法，都需要有合理的决策。

如果事态发展偏离我们的预期，也要能够在面对压力的情况下果断地做出决定。做到这一点，我们的适应性会变得更强。在合适的时间做出合适的决定，这个能力取决于了解环境信息的能力，即情景意识。现在，我们应当了解了情景意识、适应性和决策之间的联系，以及有多少人为因素会影响我们在现场的表现。

在交通事故救援中，由现场指挥者负责提交救援计划，虽然在制订计划的过程中需要与其他团队成员和其他机构合作，但现场指挥者一般掌握着最终决策权。从这方面考虑，要清楚地认识到哪些行为有助于做出合理决策。以下是航空业使用的标志性行为清单（Flin 等人，2003）。

- 收集信息，找出问题。
- 与其他机组人员调查起因。
- 陈述替代方案。
- 向机组人员征求其他方案。
- 考虑并汇报替代方案的风险。
- 陈述和确认选定 / 同意的方案。
- 对照计划检查结果。

虽然这个清单是针对机组人员的，但清单中包含的详细内容对于现场指挥者在现场处理交通事故救援也完全适用。

沟通

沟通是习以为常的事情，我们每天都会花大量的时间与家人、朋友和同事进行沟通。沟通方式有很多种，不只有语言沟通，还有非语言（肢体语言）沟通、书面沟通和面对面沟通，沟通不畅或有误除了浪费一点儿时间之外，通常不会有严重后果。

但是，在团队资源管理背景下的沟通与我们日常的沟通大不相同，它需要把我们在操作环境下传达和接收信息的方式标准化。在这种情况下，延迟、冗长和被人误解的无效沟通都可能会造成严重后果。无效沟通可能导致人员受到伤害、延长救援过程，进而延长现场救援时间。这些都对会对伤者产生不利影响。

有效沟通会建立和维持一个安全的工作环境，降低团队成员发生意外的可能性。我们所进行的风险和危险识别工作，只有用正确的方式在正确的时间传达后才能奏效。

此外，要采用正确和合适的沟通方式，确保我们掌握有效的沟通技能。沟通要有力、清晰、简洁，在不利于沟通的压力环境中（如有许多外来噪声），或者工作时间非常紧张的情况下，这点尤为重要。

例如，现场指挥者向团队的其他成员简要介绍救援计划时，必须快速（30~45 s）且清晰地表达。沟通中需要接收和确认许多复杂信息，同时允许提出反馈和（简述）意见。

消防救援人员在沟通方面的练习还需要加强。培训中必须进行人为因素和实操技能方面的考核，其中包含沟通方式和时机、沟通对象以及确认沟通内容得到正确理解的方式。但实际培训往往按部就班和“模式化”，缺乏针对性和目的性。因此，我们需要更加重视沟通技能的训练。

沟通是所有人为因素的基础。适应性、情景意识、决策和沟通之间的联系已经阐述得比较明晰了，在此再次建议消防救援人员了解有关人为因素的更多详细信息。消防救援人员通常能够锻炼自己使用救援工具的技能，加深对现代车辆的理解，以及积累关于伤者伤势的知识，但在培训中很少有人真正关注过人为因素。

DEUTSCHES ROTES KREUZ
LIFE-BASE

院前急救

106　引言
108　院前急救——现场安全
114　院前急救——个人防护装备（PPE）
116　院前急救——识别消防救援机构的现场指挥者
117　院前急救——团队工作法
119　融入

引言

在理想的情况下，消防和医疗救援团队应当大概同时到达交通事故救援现场，熟悉对方的人员和专业，并密切合作救援受困者。他们需要了解对方的工作模式，了解对方的期望、能力和局限性。他们都需要参与现场评估并主动提出改进的方面，确保达到最佳救援效果。

消防和医疗救援团队会花很多时间一起接受培训，熟悉彼此使用的设备、技术和工作流程；相互分享最佳做法，对当前的理念和方法提出建议，并尝试不断突破和优化。

院前急救将协助消防救援机构强化对最新研究知识的理解，推动循证实践。同样，消防救援组织也会与医护人员积极沟通、讨论救援路径和方案，以减轻伤者的负担。

遗憾的是，如今还没有达到以上理想状态，但这并不是救援人员的过错，只是大多数国家和地区处于以下状态。在实际救援中，一般是医疗和消防救援机构中的一方率先抵达现场，单独工作一段时间之后，另一方才抵达。由于缺乏理想状态下的跨机构培训，不管哪个机构先抵达，都会发现自己面临困境。

如果医疗机构先抵达，他们能够意识到现场存在的固有危险和风险吗？他们有合适的、可以立即使用的个人防护装备吗？在伤者呼吸道受阻时，他们能够立即进入车辆吗？他们能够封闭道路，杜绝过往车辆带来的风险吗？同样，如果消防救援机构率先抵达，他们能够立即确认和处理危及生命、时间紧迫的伤害吗？他们能够提供医护人员级别的临床干预吗？他们能够进行即时的伤者评估，以此申请直升机等其他资源吗？他们能够做出让伤者自行救援的决策吗？

虽然我们也进行了一些跨机构培训，有些医疗机构比以前更加了解现场安全，有些消防救援机构现如今也能够提供更好的伤者护理（与 15 年前相比），但现实状况和理想状态还相差甚远。

我有幸与来自世界各地的医护人员有过合作，并有意识地询问他们在处理交通事故救援方面的自我培训和预先计划，结果是非常少或者根本没有。他们（医护人员）所接受的关于交通事故救援方面的培训大部分取决于自己的积极性、主动性、花费的时间和成本。可以说，针对院前急救的交通事故救援方面的强制性培训很少。

一些院前创伤课程包含了关于现场安全的内容，但时间很短，内容也不深入。鉴于这种情况，作为一名院前急救人员，当你到达交通事故救援现场时能感到安全、自信吗？

本章将为院前急救提供尽可能多的相关知识，不仅能让现场医护人员感到更安全、更自信，还能让他们在不中断破拆或医疗干预的情况下进行救援工作。

我将利用我与世界各地院前急救合作的经历，试着回答最常见的问题。本书中所有内容都与医护人员在现场的职责直接相关，所以始终建议医护人员一定要阅读整本书，不要单看本章内容。

阅读到此，建议您搜索当地的消防和救援机构，并与他们联系。这将是一个美好的开始，对双方均有益，更重要的是，能够为事故中的伤者提供更好的治疗。

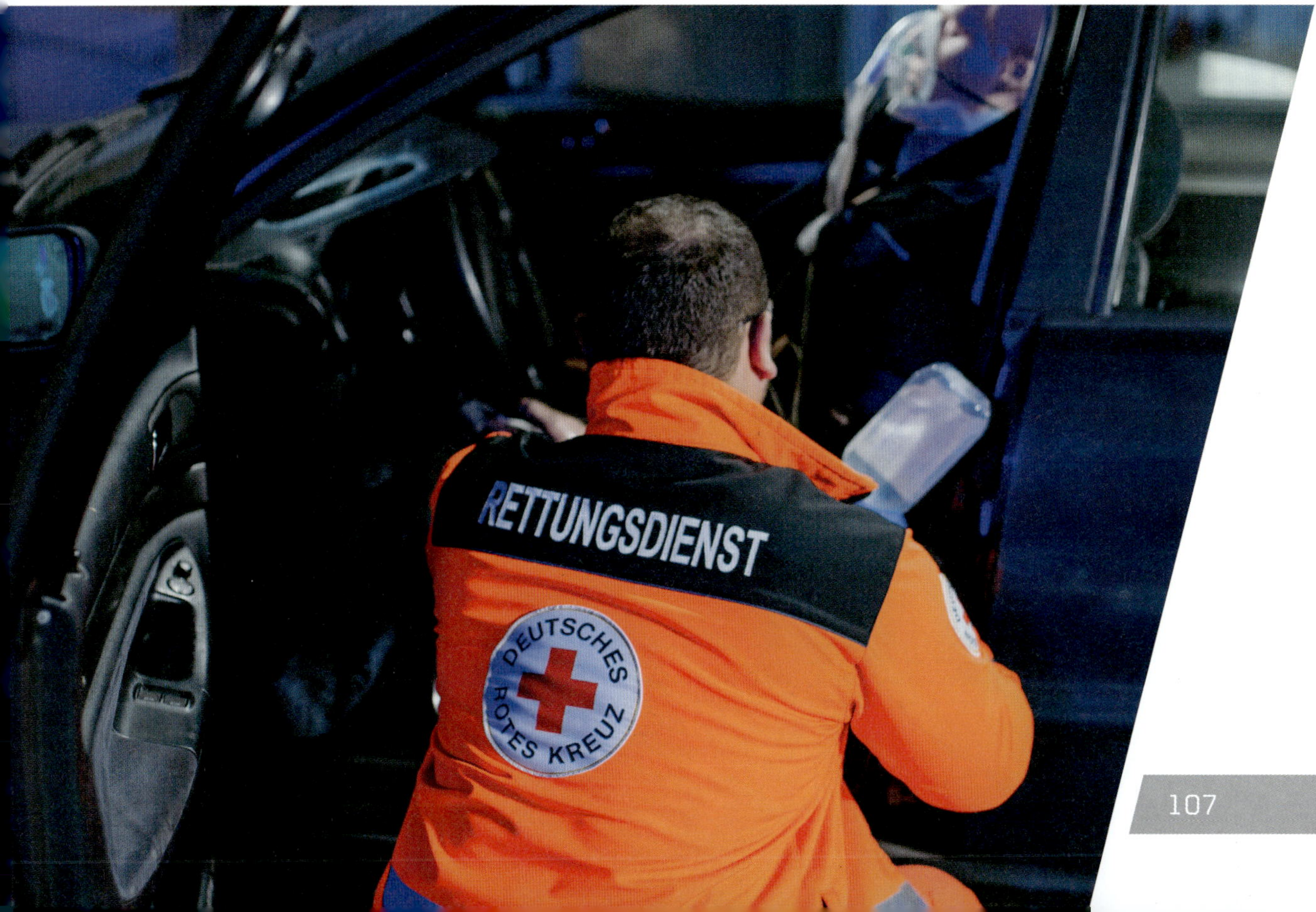

院前急救——现场安全

本书在“现场安全”部分详细说明了消防救援团队在抵达交通事故救援现场时需要遵守的流程。

从理论上来说，这种流程是建立安全工作系统的基础，因此也应适用于院前急救。但需要谨记以下几个方面内容。

- 到达现场的医护人员人数比消防救援机构的人数少，一般是一名或两名。
- 通常配备的个人防护装备等级较低。
- 不具备处理现场某些危险的必要设备或未接受过相关培训，如火灾救援。

以下信息仅供参考，请院前急救根据接受的培训和当地标准操作程序执行现场操作。无论外界的压力有多大，医护人员都不得在安全区域外开展救援。

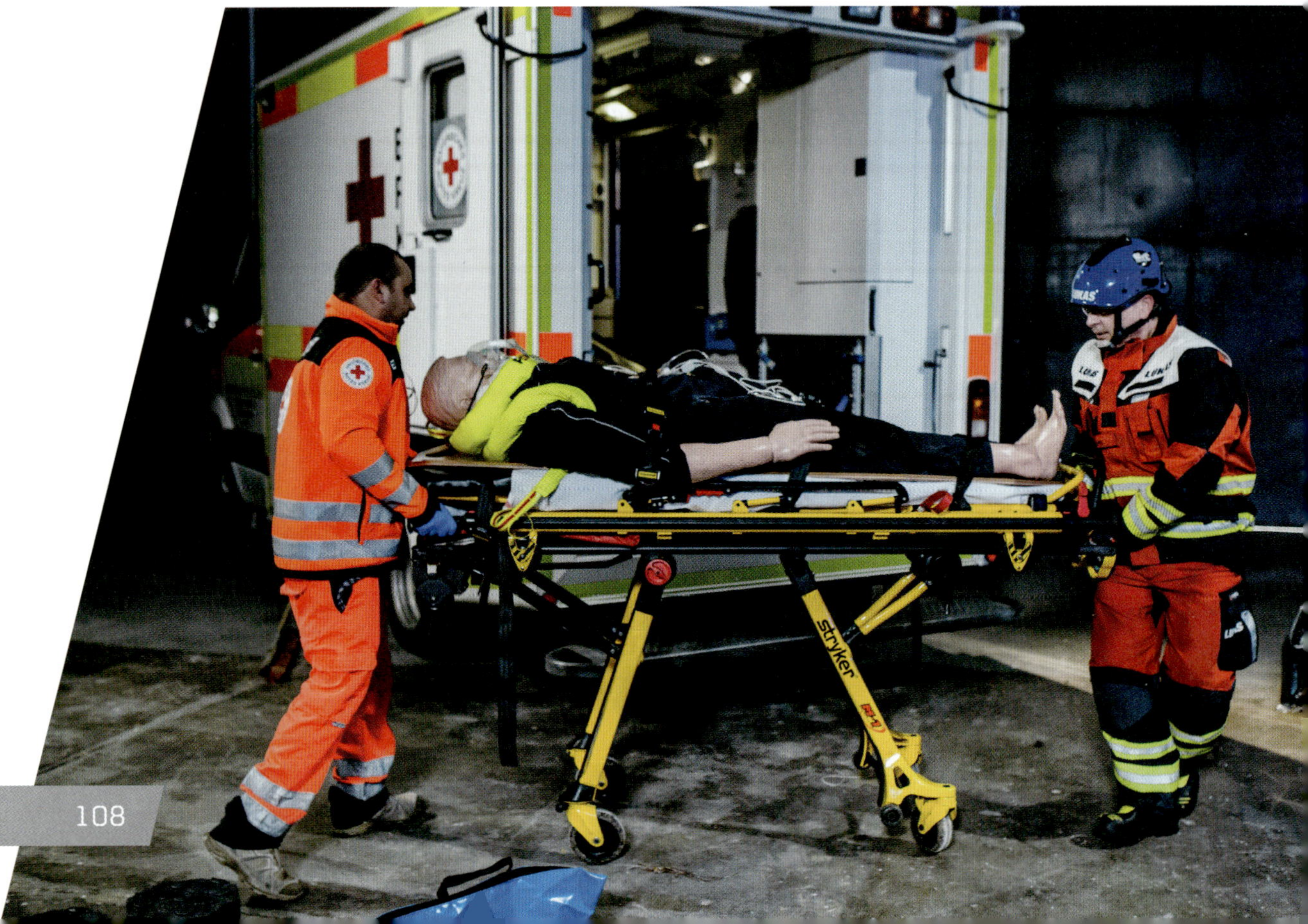

抵达时——多名工作人员（如两位医护人员）

抵达现场后，且在开始救援工作前，应完成 360 度全方位外部评估，以充分了解以下信息。

微信扫描二维码关注
“艾迪斯鼎力科技”公众号
观看本页操作视频

- **涉及车辆的数量。**
- **涉及伤者的人数**及其位置和方向。
- **即时危险，**如起火、泄漏等。
- **涉及车辆的类型，**如混合动力汽车、电动汽车。

应尽快、尽量全面地完成以上工作。**在完成外部评估之前，医护人员不得处理车辆。**在外部评估完成之后，医护人员才可以着手处理收集的信息并确定当务之急的工作。

需要立即处理的事项

- **需要立即关注关键风险问题，**如无反应的伤者或火灾。
- **现场需要后续援助，**如直升机。
- **立即进入车辆**（如果伤者无反应）。

医护人员开始工作后（在资源允许的情况下），就可以由另外一名医护人员**对现场展开内部评估，**以全面获得以下信息。

- **确定外部评估期间尚未发现的其他危险。**
- **确定车辆钥匙的位置并取下**（如果是智能钥匙，则应将钥匙拿到距车辆 5 m 以外的位置）。
- **确定可能未弹出的安全气囊并对气囊展开后受影响的区域加以限制。**
- **确定车辆可能进出的出入口，**如检查车门和后备厢能否手动打开。
- **确认车辆内部是否可以人工**（手动）**或电动**操作（断开 12 V 电池之前）。

完成内部评估之后，应当保留收集的信息，在消防救援机构抵达后，将收集的信息汇报给现场指挥者。

涉及多辆车辆的事故

如果车辆之间有较大间隔，即在涉及两辆或多辆车辆的情况下，则医护人员应分头行动，对其他受影响车辆也要进行外部评估。完成这项工作之后（且在资源分配之前），应对所有现场评估结果进行讨论，以确定以下信息。

- 确定救援的优先顺序。
- 对所有伤者进行分类。
- 确认所需的其他资源。

抵达时——单个工作人员（医护人员）

抵达现场后，且在开始救援工作前，应完成 360 度全方位外部评估，以充分了解以下信息。

- **涉及车辆的数量。**
- **涉及伤者的人数**及其位置和方向。
- **即时危险，如起火、泄漏等。**
- **涉及车辆的类型**，如混合动力汽车、电动汽车。

应尽快、尽量全面地完成以上工作。**在完成外部评估之前，医护人员不得处理车辆。**在外部评估完成后，医护人员可以处理收集的信息并确定当务之急的工作。

需要立即处理的事项

- **需要立即关注关键风险问题**，如无反应的伤者或火灾。
- **现场需要后续援助**，如直升机。
- **立即进入车辆**（如果伤者无反应）。
- 医护人员开始工作后（在资源条件允许的情况下）可以对**现场进行动态内部评估**，以获得以下信息。
- **确定外部评估期间尚未发现的其他风险。**
- **确定车辆钥匙的位置并取下**（如果是智能钥匙，则应将钥匙拿到距车辆 5 m 以外的位置）。
- **确定可能未弹出的安全气囊并对气囊展开后受影响的区域加以限制。**
- **确定车辆可能进出的出入口**，如检查车门或后备厢能否手动打开。
- **确认车辆内部是否可以人工**（手动）或电动操作（断开 12 V 电池之前）。

完成内部评估之后，应当保留收集的信息，在消防救援机构抵达后，将收集的信息汇报给现场指挥者。

涉及多辆车辆的事故

如果车辆之间有较大间隔，即在涉及两辆或多辆车辆的情况下，则医护人员应分头行动，快速评估现场，并确定以下信息。

- **确定救援的优先顺序。**
- **对所有伤者进行分类。**
- **确认所需的其他资源。**

院前急救——持续的风险管理

对现场进行有效管理能够确保救援人员安全地完成救援任务。因此，所有医护人员都应具备识别危险的能力，及时采取措施将危险降至最低，并立即告知消防救援机构。若医护人员率先抵达现场，则在消防救援机构抵达时由其告知相关情况。

交通事故救援的现场情况是动态的，在整个救援过程中会不断变化。这意味着，必须不断评估和排除风险，以保证救援环境的安全性。消防救援人员进行的每步作业，例如车辆稳定或玻璃破碎，都有可能改变现场的风险状况，同时引入新的风险。因此，风险管理不仅是对现时因素的考量，也是一个贯穿整个事件的持续性过程。院前急救是整个救援过程的一部分。

影响现场安全的因素

物理危险

所处环境造成的潜在物理危险，包括以下因素。

- **不平整 / 柔软的地面**（带电或连电危险）。
- **道路设备，**如路标。
- **不稳定的结构、树木和建筑物。**

车辆引起的危险

受损车辆引起的潜在危险，包括以下因素。

- **破碎的玻璃 / 锐利边缘。**
- **溢漏 / 泄漏。**
- **不稳定的车辆。**
- **带电部件 / 受损蓄电池组。**

动态危险

在救援过程中持续变化的因素，包括以下方面。

- **天气条件（大风、水位上涨）。**
- **车辆稳定性。**
- **车辆结构、锐利边缘**（由创造救援空间产生）。
- **玻璃粉尘**（由玻璃破碎产生）。
- **纤维粉尘**（由切割碳纤维或其他纤维产生）。

伤者相关的危险

因受到外伤的伤者引起的问题，包括以下方面。

- **血液和体液。**
- **伤者出现过激行为**（可能由于头部受伤）。
- **伤者体型较大**（肥胖）。
- **顶升困难。**

院前急救——个人防护装备（PPE）

正确穿戴个人防护装备非常重要，院前急救人员在前往事故现场前，必须确保穿戴合适的个人防护装备。

个人防护装备有多种保护用途

- **保护身体的各个部位。**
- **防止环境带来的伤害。**
- **使急救人员更加醒目**，如穿显眼的衣物。
- **识别身份**，如现场指挥者或医护人员。

由于交通事故救援作业的特点，有时救援人员会脱下或解开个人防护装备，特别是在车辆的受限空间内以及治疗伤者时。

在以下场合，可根据现场具体风险情况考虑脱下或解开个人防护装备

- **穿戴个人防护装备存在风险**，如高温下过热。
- **在受限空间内作业**，个人防护装备会阻碍人员或设备进出，或影响伤者护理的效果。
- **穿戴个人防护装备会影响操作效果**，如需要摘下手套的情况。

在大多数情况下，院前急救人员的所属机构会向其发放并要求其始终穿戴个人防护装备。但在适当的时候可以放宽此要求，但需要随时保持动态风险评估。

在交通事故救援现场工作时，建议至少穿戴以下装备

- **带面罩的头盔。**
- **护目镜。**
- **医用手套**（进出时建议戴防割手套）。
- **用于玻璃破碎和碳纤维切割的呼吸防护装备**（通常为防尘口罩）。
- **可见度高的反光背心。**
- **带脚趾保护和脚踝保护**（可选）**的靴子。**

必要时需考虑使用其他个人防护装备

- 护耳器。

个人防护装备的选择

如果消防救援组织没有为救援人员提供个人防护装备，那么穿戴个人防护装备的人员应确保其选择的装备符合当地或国家政策和汽车紧急响应指南要求的防护水平。

个人防护装备的维护

应始终妥善维护个人防护装备，并定期检查其损坏情况。如果发现有损坏，应立即更换。因此，最好准备备用的个人防护装备，以备需要时更换。

院前急救——识别消防救援机构的现场指挥者

由于本书面向全球发行，而各国家和地区存在差异，所以无法笼统地介绍一个识别所有消防救援机构现场指挥者的方法。

在某些国家和地区，可以通过以下任一方式识别现场指挥者

- **头盔**（颜色或条纹）。
- **外衣 / 袖标**（通常标有“现场指挥者”字样）。
- **位置**（他们应当位于救援现场几米之外，而且行为举止比较明显）。

身为医护人员，识别现场指挥者能够使其获得完整的救援计划，从而立即、无缝地融入救援过程。无法识别现场指挥者将会导致工作混乱和延误。

与当地机构一起培训和预先计划，能够让医护人员获得识别现场指挥者所需的信息。

院前急救——团队工作法

院前急救人员需要了解现场与其合作的消防救援机构所采用的方法。他们很有可能会采用"团队工作法"，但是，我认为这个工作法需要更新，本书基于2.0版团队工作法。

微信扫描二维码关注
"艾迪斯鼎力科技"公众号
观看本页操作视频

2.0 版团队工作法的最大变化是加入了对调整车辆位置的考量，这与我们当前一直使用的团队工作法相悖。原团队工作法建议我们考虑在伤者仍在车内时移动车辆，以提高安全性、改善进出条件，并最终减少在现场的时间。另有增补内容，旨在为伤者提供更多关怀，确保对下一代救援人员的教授方式有所改进。

当前的团队工作法

- 安全与现场评估（360 度全方位评估）。
- 稳定性与初始救援通道。
- 玻璃破碎与工具准备。
- 创造救援空间。
- 完整的救援通道。
- 固定与救援。
- 评估。

2.0 版团队工作法

毋庸置疑，当前的团队工作法已经为我们服务了 30 年，成为现场指挥者重要的参考依据。但是，从全球范围来看，车辆救援领域已经发生了许多变化，例如车辆结构、替代燃料和安全系统，而且我们掌握的在救援方面的医疗知识也越来越多。因此，我认为当前的团队工作法已经不再适用。考虑到这些原因，本书的核心是提供一个修订后的团队工作法，即 2.0 版团队工作法。

修订后的工作法的目的

- 加强现场所有人员的安全。
- 缩短救援时间从而缩短在现场的时间。
- 改善伤者救治效果。

令人意外的是，有许多网站专门讨论这一主题而且世界上有许多专家经常撰写这一主题类的文章，但是之前并没有人修订过团队工作法。我建议再增加两个阶段，修改的具体内容见下文。

本书中将团队工作法分为了 9 个阶段

1. 安全、现场评估与其他资源要求
2. 考虑调整车辆位置
3. 制订初步救援计划并进行沟通
4. 车辆稳定性与初始救援通道
5. 适当的玻璃破碎和处理
6. 适当创造救援空间（内部和外部），启动车辆关停程序和拆除车辆内饰材料
7. 适当地全面打开救援通道
8. 伤者稳定、救援和伤者交接
9. 救援执行情况评估

做出这些变化的原因有很多。在我多年对世界各地救援团队的咨询、培训和评估过程中，有一些常见问题反复出现，这些问题可能会危及安全、延长现场作业时间并对伤者造成不良影响。因此，这些提议都有操作和教育经验基础，并不是为了改变而改变。

这些改变并不仅仅是额外的任务，而是可能会严重影响结果的基本操作原则。另外，下一代救援人员按照25年之前的方法进行车辆救援时可能会面临危险。因此，不赞成这种工作法，而且这种工作法也不利于取得最好的结果。消防救援领域没有哪些工作法是长时间保持不变的。

本书在“2.0 版团队工作法”一章说明了建议变更事项的原因。

融入

身为医护人员，无论是先于消防救援机构抵达救援现场还是紧跟其后，都应当知道如何融入救援过程。首先，融入救援工作之后能让医护人员在现场更安全；其次，还能让医护人员的工作更有效率，以便顺利地推进救援过程，进而减少在现场的时间。

我可以保证，如果消防救援团队先于医护人员到达救援现场，那么当医护人员到达时，消防救援团队会很高兴。即使在我职业生涯的后期（这时我已经掌握了高级创伤技能），当看到医护人员抵达现场接管伤者时，我也总是感到如释重负。

抵达时，请考虑以下因素。

- 到达现场和停车。
- 个人防护装备。
- 建立联系。
- 接收安全 / 伤者情况简介。
- 伤者交接。
- 医护人员在救援计划中的职责。
- 更改计划。
- 救援阶段。
- 沟通。
- 时间表。
- 医疗设备和医护人员位置。
- 事后。

下面进行更详细的说明。

到达现场和停车

从统计数据来看，救援事件中最危险的一环实际是安全到达事故现场。因此，医护人员应仔细思考如何靠近和到达现场，以确保能够尽快施救。

在靠近或到达现场过程中，最初引起事故（正在处理中）的因素可能会危及医护人员的安全，因此应尽一切努力评估并识别出这段时间内可能存在的所有危险。

在前往过程中考虑以下因素。

- **天气，**可能导致路况不佳。
- **物理**危险，如地面不平坦、损坏的建筑物或倒下的树木。
- **人群，**可能聚集的群众。
- **应急车辆，**已经在现场的车辆。

医护人员应缓慢且有序地靠近现场，以识别可能影响停车的现场危险。

到达现场

到达现场时，应考虑以下因素。

- **车辆的位置。**

车辆应尽可能靠近事发地点，确保人员和设备随时可用，但又不能太近，以免阻碍其他应急车辆进入。

- **下车。**

从“安全侧”下车，也就是车辆远离危险（如正在行驶的车辆）的一侧。

- **其他资源。**

通过对现场进行快速评估，医护人员可以确定所需的其他医疗资源，并尽快提供。在完成 360 度全方位评估之后，相关医疗资源的调用会进一步加强。

- **智能手机和社交媒体。**

从医护人员到达现场起，每一步行动都可能被智能手机记录并上传到社交平台上。如今这种情况非常普遍，经常在事件还未解决之前，人们就已经看到了处理现场的视频录像。主要新闻媒体通常会通过智能手机的录像功能进行新闻报道。值得注意的是，不止图片，声音也可以被记录下来，因此医护人员需注意，应在远离群众的地方与其他机构进行沟通交流。

个人防护装备

确保穿戴个人防护装备，并保证其完好无损。只有进行动态风险评估，而且穿戴个人防护装备影响关键干预措施的实施时，才可以不穿戴个人防护装备。工作完成之后，应更换个人防护装备。消防救援机构通常更了解现场危险的动态情况，医护人员应该接受他们的指导。

建立联系

医护人员到达现场后，应向其他机构，特别是现场的消防救援机构进行简单的自我介绍。尤其是告知自己的工作经验和任职资格，并尽力在第一时间获得一份现场情况报告和伤者情况说明。医护人员应注意，此时虽然可以看到并认出现场指挥者，但鉴于现场工作的性质，可能无法立即与他们进行沟通。因为他们可能正在进行安全监督工作。

接收安全 / 伤者情况简介

一旦与现场指挥者建立了联系，医护人员应尽力获得一份与事故现场和伤者情况有关的情况简介。在此阶段，还不属于正式的伤者交接（伤者交接将由消防救援机构指定的消防急救员完成），情况简介侧重于介绍事故经过、现场情况、相关危险以及事故相关人员的情况。同时，还应说明目前的救援计划和已取得的进展。

伤者交接

如果医护人员在消防救援机构之后到达现场，则可能需从指定的消防急救人员那里接管伤者的护理工作。因此，所获信息的详细程度以及交接的形式，主要取决于消防急救人员的培训和实践水平。消防急救人员的基本急救能力和高级创伤护理能力因其所在的机构而异。当然，也有一些消防救援机构根本就没有接受过医疗培训。

如果伤者数量较多，而且当时现场只有一位医护人员，他必须根据自己的经验，充分利用资源并确保为即将抵达现场的其他医护人员做好准备。

医护人员在救援计划中的职责

无论是先到达现场，还是在消防救援机构之后到达现场，医护人员在救援计划中都起着至关重要的作用，现场指挥者会要求医护人员立即开始救援工作。

为了制订有效的救援计划，现场指挥者需要了解与伤者和车辆有关的信息。医护人员有责任提供以下信息。

- **伤者位置：**伤者在车辆中的位置。
- **伤者方位：**伤者面朝下还是坐在座椅上。
- **受困程度：**医学方面、机械方面，两者兼有或均无。
- **伤者情况：**概述医护人员怀疑的情况和值得注意的程度。
- **时间表：**伤者是否需要快速、紧急或危急救援。

医护人员必须不断更新所获得的初始信息，并审核现场指挥者制订的最终救援计划。

更改计划

不要担心因为伤者的动态状况而更改计划或提出更改建议，而且如果认为自己或伤者面临危险，则必须在救援过程的技术方面进行及时干预。

如果现场指挥者提出更改计划，则必须获得医护人员的同意，以确保计划符合伤者的伤情。

救援阶段

在大多数情况下，医护人员负责救援过程中手动颈椎正中位稳定（MILS）工作。在此阶段，医护人员必须负责现场，并提供一份全面的现场情况简介。最好的做法是重新介绍伤者情况，并概述他们的伤情，这样可以确保以最符合伤者情况的方式将他们救援出来。

医护人员应详细描述自己对救援阶段的期望，且在理想情况下，根据伤者的伤情及其同意的运输方式，完成对伤者的检伤分类。

情况简介的时间应控制在 30~45 s，并确认大家完全了解相关情况。

在救援阶段，现场指挥者会将控制权交给医护人员（或执行 MILS 的人员），但总体安全还是由现场指挥者负责。一旦伤者被救出，现场指挥者将恢复对事故的控制权。

沟通

现场沟通十分关键，对医护人员安全及时地救援伤者至关重要。在救援过程中，医护人员必须牢记自己的沟通优先顺序。

- **院前急救—现场指挥者。**

在事件持续阶段，医护人员应与现场指挥者保持积极的沟通。在救援计划经过讨论并确认后，医护人员须持续向现场指挥者汇报伤者的最新情况以及计划的持续可行性。如果医护人员认为需要根据伤者情况更改救援计划，则应尽快通知现场指挥者。

- **院前急救—现场消防急救员和消防救援团队。**

当医护人员到达现场时，如果消防救援服务机构已到达（且医护人员已经与现场指挥者进行了初步联系），则医护人员应该与救援机构消防急救员联络，进行伤者交接。如条件允许，应让现场消防急救员留在现场服务，以便在必要时提供协助。如果消防救援操作对伤者有不利影响，应尽快通知救援团队。

- **院前急救—伤者。**

必须在第一时间（在确认安全和稳定得到保证后）与车辆内的伤者建立联系。只有与伤者建立了沟通，才能对其进行评估，进而才能将信息传递给现场指挥者。如果在消防救援服务机构之后到达现场，医护人员需要通过救援机构的消防急救员了解现场情况，并进行伤者交接。

时间表

为了能够做出及时且有针对性的临床决定，医护人员必须对救援过程的时间表有一个清晰的概念。如果医护人员预计创造救援空间的过程需要 4 min，那么到伤者被救援出来可能需要不到 10 min，医护人员可以选择将某些干预措施延迟到伤者处于更好的位置之后再进行，如等伤者转移至救护车上之后。然而，在现实中，最终创造救援空间可能需要差不多 20 min，这可能对伤者护理产生不利影响，而且还会增加现场救援的时间。

因此，与消防救援机构进行坦诚、详细的讨论，制定一个切合实际的时间表，这一点至关重要。虽然总会发生一些不可预见的事件，导致救援过程被延迟，但只要医护人员随时掌握最新的信息，而不是靠“猜测”，就能做出合理的临床判断。

另外，在不是十分必要的情况下，医护人员不得要求停止消防救援工作，以免拖延时间，这一点也同样重要。尽力保证消防救援工作的持续进行，只有在绝对必要的情况下才可要求停止消防救援工作。我曾与很多来自世界各地的院前急救有过合作，通过这些合作经历，我坚定地认为，没有任何临床干预需要暂停消防救援工作，特别是伤者被机械困住且情况紧急时。

医疗设备和医护人员位置

医护人员到达现场并占据一个合适的位置（通常是紧挨着伤者的车外）后，通常他们就很难再移动。再加上医疗箱、伤者监护仪和氧气装置等设备，情况就更加复杂了。医护人员所在的空间迅速变成一个人员和机械都无法移动的复杂区域。

虽然存在一定困难，但我还是强烈建议医护人员在安置设备并开始工作之前，先确定好他们的初始位置，并与消防救援机构的现场指挥者密切配合。很多情况下，紧邻伤者的区域恰恰是在救援的早期阶段需要创造救援空间的地方，这样一来就可能引起其他问题，特别是伤者被机械性困住时。

当医护人员已就位且无法移动时，创造救援空间会非常困难，并常常伴有危险。在创造救援空间过程中，可询问医护人员是否有其他替代的位置（这样就可以同时进行空间创造），然后在创造救援空间工作完成后，医护人员再回到首选区域。

这又是一个需要跨机构预先进行计划和培训的问题，以便了解各机构的需要，并找到一个折中的方案，在为伤者提供急需护理的同时，确保消防救援行动不受任何影响。

事后

根据医护人员工作的性质，在救援完成之后，医护人员可能会随伤者一同离开现场，这通常根据具体情况而定。也就是说，医护人员不会参与评估过程，这样消防救援机构和其他参与人员就会立即失去宝贵的信息来源。

对于每起需要进行伤者救援的交通事故，我们均应当要求所有相关责任者进行现场（即时）和后续（事后）汇报，但在实际工作中，这项工作并没有持续进行。身为医护人员，进行汇报可以让其有机会向其他机构反馈，并利用这次事故进行一次学习，了解其他响应人员的工作。

因为医护人员的意见非常宝贵，所以我建议所有医护人员尽可能参加后续汇报。虽然医护人员不能透露伤者的信息，但医护人员的理论基础、采取的措施以及如何应对挑战是值得其他机构人员学习和借鉴的。

救援计划

128　引言
130　制订救援计划
136　计划的制订方法
140　现场沟通
142　救援时间线

引言

救援能否成功主要取决于是否精心设计并严格执行计划，这不是一项简单的技能。作为事故救援的全权负责人，现场指挥者必须先收集和处理大量与车辆、伤者及环境有关的信息，然后才能完全确认并传达救援计划及其具体的实施方案。

我从来没有学过如何制订救援计划，这项技能是在我的职业生涯中慢慢培养出来的。评估团队所面对的救援挑战，对这项技能的培养提供了巨大的帮助。我能够理解他们做出的决策及采用的理论基础，关键是我能发现他们制订计划中所犯的错误。这不仅能让我帮助其他人成长，也为我自己提供了宝贵的学习机会。

我并不知道有哪些正式的培训能提供制订救援计划这方面的指导。文献、网络文章和出版物中也很少提及。就救援计划对整个过程结果的重要程度而言，我认为人们并不太关注车辆救援过程中的计划制订工作。多年来，我与许多同事都受过良好的现场指挥、事故（包括交通事故）处理的安全和有效管理等相关培训。然而，此类培训从未考虑过学员处理必要信息以制订以受困人员为中心的计划的能力，它只是着眼于对事故的战略规划和安全管理。

到达现场后，立即识别危险，实施控制措施，收集并处理信息，然后对所见事物进行合理化分析，最后制订救援计划，这些都需要消防救援人员具备惊人的专注力和领导力。特别是当现场存在潜在重病伤者时，消防救援人员在工作时不得不承受巨大的压力。这方面的知识不是一蹴而就的，定期参与对计划和决策进行实操训练和培训活动是培养必要技能和能力的唯一途径。

我经常看到，有经验的指挥者遗漏救援计划的关键要素，计划不按顺序进行，或者根本不具备及时有效地做出决定的专业技术和认知能力。

毫无疑问，我所见过的最佳计划都是在应对救援挑战过程中制订并实施的。无论你对这些事故的看法如何，这都是全面发展技能的最佳方式，从而为伤者提供更好的护理效果。由于参加这些挑战的团队经常在一起训练，因此优秀的团队能始终如一地保持高标准。

我强烈建议所有消防救援团队都更注重计划的制订和执行，并要求所有成员

（不仅仅是现场指挥者）都了解该过程所涉及的内容。

院前急救应注意制订计划的方法以及其在制订计划方面的作用。在条件允许的前提下，现场指挥者和院前急救应共同接受培训，以便培养自身的技能以及了解对方的工作能力。现场指挥者和院前急救还应做好变更计划的准备，同时了解变更计划对作业整体推进的影响。

制订救援计划

现场指挥者全面负责救援计划的制订、实施和监督，但这些不是完全由其一人完成的。现场指挥者不仅需要凭借自身能力收集和处理动态信息，还需要依赖消防救援团队的其他成员、医护人员的协助。

现场指挥者必须识别关键信息，以制订有效的救援计划，并在必要时根据伤者的情况对计划进行变更。变更因素包括伤者自身、车辆、已识别的安全关键问题及动态环境条件等。

现场指挥者还必须具备较强的应变能力，能够克服阻碍救援进展的所有问题，能够依靠自身以及其他团队成员的经验和技能制订替代方案。

制订救援计划的关键在于灵活性，能够对情况进行评估、预测存在的难题或问题，以及必要时对计划进行更新和修改。

评估 – 预测 – 更新

现场指挥者应从以下来源获取关键信息。

- **伤者或受困人员。**
- **车辆。**
- **环境。**

下面对每个信息来源进行详细说明。

伤者或受困人员

车辆救援是一个以伤者为中心的救援过程，因此与伤者有关的信息至关重要。

- 伤者人数。
- 受困人员在车内的位置和方向（前排或后排，坐姿或俯卧）。
- 身体状况（动态信息）。
- 受困程度。

伤者人数

从统计数据来看，大多数救援至少涉及一名伤者，因此属于基本作战单元的范围。通常，一个由五六名消防救援人员（包括一名消防急救员）以及参加救援的院前急救组成的团队即可满足需求。然而，完成 360 度全方位评估后，应确定是否需要其他资源。

如果事件涉及多名伤者，则可能会使基本作战单元成员不堪重负，他们只能进行伤者护理，却无法开始破拆技术方面的救援。在有多名伤者而资源有限的情况下，现场最初几分钟内的工作将是极具挑战性的，而且可能需要对伤者进行分诊。

不论涉及单个伤者还是多个伤者，现场指挥者都必须制订有效的救援计划，并充分利用现有资源，同时等待其他必要的协助。

受困人员在车内的位置和方向（前排或后排，坐姿或俯卧）

伤者的精确位置不仅决定着最初的进出方式，还决定着可能的救援路径，确定进出方式和救援路径之前，必须对受困者进行全面的评估。现场指挥者必须确定伤者是坐在前排座位上，还是俯卧在后排座位上，这将有助于他们制订救援计划。在条件允许的前提下，最终确定的救援路径应该允许伤者的头部先出来。这样更易于进行手动颈椎正中位稳定。

身体状况（动态信息）

伤者的最初及当前身体状况决定着救援过程的节奏和流程。一旦消防急救员接近伤者并进行了初步的医学观察，确定并传达了当前的优先事项，现场指挥者应立即确定伤者的救护级别。

在整个救援过程中，现场指挥者应定期了解伤者病情的最新信息，并确保计划允许现场指挥者立即对伤者动态病情做出反应，具体如下。

- 根据**伤者状况**制订**快速受控救援计划**。
- 制订**紧急受控救援计划**，例如院前急救有某方面的担忧，并且伤者需要在 5 min 内被救出来。
- 制订**危急受控救援计划**，例如院前急救发现伤者心脏停止跳动或呼吸停止，要求在 1 min 内立即救出伤者。

受困程度

在伤者的受困程度被确定之前，现场指挥者根本无法确定救援计划，因为受困程度决定了创造救援空间的优先顺序。有时将车辆的整个侧面和车顶拆下后，却发现伤者是被踏板卡住的，这种情况也不乏先例。因此，充分评估伤者的受困方式和程度是制订救援方案的关键。

受困程度包括以下几种。

▪ **机械卡压。**

如果伤者由于被车辆结构限制而无法脱身，例如因发生高速碰撞导致司机被 B 柱卡住，则伤者将被描述为处于“危险区域”。

优先事项：一旦建立了安全的工作系统，考虑了车辆的重新定位，并进行了车辆稳定和玻璃破碎，下一步操作就是摆脱机械卡压，将伤者移出危险区域。如果不这样做，将意味着在紧急情况下无法按照“危急受控救援计划”将伤者移出。

一旦摆脱了最初的机械困境，应创造足够的空间，在事态发展成为“快速受控”救援并需要创造完全通道之前，按照“紧急受控救援计划”开展救援。

▪ **伤者因身体状况受困。**

伤者并未被车辆结构机械性卡压，但由于自身身体状况而无法自救，如发生了相对低速的正面碰撞，驾驶员表示颈部或背部出现剧烈疼痛。

优先事项：如果伤者只是因身体状况被困，则在确定其安全、完成车辆稳定以及玻璃破碎后，优先创造足够的救援空间，执行“紧急受控救援计划”，避免事态发展成为需要实施“危急受控救援计划”，并全面打开救援通道。

▪ **乘员因健康状况和机械结构之外的原因被困。**

在某些情况下，车内人员既没有被机械结构卡压，也不是因身体状况而无法脱身（在进行医学检查后），如低速侧面碰撞时多个安全气囊同时弹出。

优先事项：一旦确定受困者安全、车辆已稳定而且通道已打开，便可以进行全面的健康检查。经检查，未发现伤者存在健康问题，而且也未被机械结构卡压，则可以考虑进行“自救”。

伤者“自救”必须在医护人员的监督下进行。

车辆

到达现场后，必须对碰撞涉及的车辆进行评估，现场指挥者必须根据自身的知识和经验，确定车辆对救援计划的影响。并不是所有车辆上都会有人员，但出于安全和稳定性原因，必须考虑所有车辆。如果车辆影响进出，则可以将其移开，但必须格外小心，确保不会影响现场其他车辆的安全和稳定性。

车辆的位置和方向决定着救援计划的进展。在车辆发生侧翻或倒立时（通常这方面的培训较少），对车辆稳定性的要求增加，这种情况可能限制初始进出通道。应考虑调整受影响车辆的位置（载有伤者的车辆），特别是通过调整位置可以使安全和通行条件得到改善，且在现场救援时间可能会被缩短的情况下，更应这样做。

车辆可能是消防救援团队面临的最大挑战，特别是在出现严重机械卡压的情况下。现场指挥者应考虑以下与车辆有关的信息。

- **驱动系统**，如内燃机汽车、混合动力汽车、电动汽车。
- **设计**，如 3 门 SUV、5 门 SUV。
- **具体结构**，如座位配置、后备厢、行李箱、全景天窗。
- **安全特性**，如安全气囊。
- **停车程序**，如高压系统、12 V 电池系统、保险丝。
- **结构**。

要求现场指挥者和技术操作员熟悉每一个品牌每一个型号的车辆是不切实际的，特别是考虑到现在的汽车大多数都有多种规格和不同的驱动系统。也就是说，在救援伤者过程中会面临各种各样的变化。可借助电子系统提供车辆数据，以便随时识别车辆结构、安全系统、驱动系统以及电池信息。

现场指挥者及其他救援人员应通过相关培训，预先确定处理具体车型的方法，因为处理方法会影响救援计划的制订和实施。同样，灵活性是关键。因为任何预先确定的方法都可能需要根据伤者的受伤性质、车辆位置和方向以及车辆因碰撞导致的损坏情况进行有针对性的更改。

环境

“环境”一词涵盖了从现场安全管理到不断变化的天气条件和动态风险（如正在行驶的车辆）等一系列广泛的考虑因素，所有这些因素都可能对救援计划的执行产生负面影响。环境因素很重要，但在完成了 360 度全方位评估后，环境因素往往就被抛之脑后。现场指挥者不应过于关注任务本身，而应持续考虑不断变化的环境及其对救援计划的影响。

对车辆周围直接工作区域的管理将确保工具的技术操作员能够自由、安全地移动，并且不会受到遗留在潜在危险区域的设备或车辆部件的影响。切记，从车辆上拆下的工具和物品应放置在现场指定区域。在实际救援过程中，这一点往往被忽视。

救援工作会引起广泛关注，对聚集的人群进行管控，既是出于安全的目的，也是对被救援人员的尊重。现场指挥者无法既监督救援工作又对人群进行管控，因此应请求警方协助处理这一问题。

应从伤者和团队的角度考虑环境的影响，现场指挥者和工具的技术操作人员在进行玻璃破碎及处理、空间创造和全面打开进出通道等操作时应考虑这一点。救援计划应在任何时候都能提供最大限度的保护，而不是使伤者长时间地暴露在环境中。当然，极端情况除外。

同样，现场指挥者还要注意极端天气条件对其团队的影响，特别是考虑到他们的工作性质和所穿戴的个人防护装备。因此，对现场指挥者来说，随时观察团队人员的身心健康，并在必要时轮换工作，这一点是很重要的。

传达救援计划

救援计划一经制订，必须立即传达给现场所有人员。以确保所有人员均安全地朝着同一个目标工作，并且保证计划符合伤者的伤情、位置和方位。

虽然停止工作似乎有悖常理，但传达计划的最佳方式是由现场指挥者召集所有人员（医护人员除外），迅速做一个简短的介绍。介绍应控制在 30~45 s，并充分说明伤者的情况、当前的救援时间表，以及通向指定救援路径的空间创造计划。

做介绍时必须允许消防救援团队成员根据自身的知识与理解提供反馈和备选建议。此外，现场指挥者必须确保团队的所有成员充分理解救援计划。

虽然在不到一分钟的时间里，听起来有很多事情要做，但重要的是，现场指挥者在介绍过程中要有条不紊、合理地利用好这段时间和管理好团队。

计划变更

有时需要对计划做出变更。引起变更的因素有很多，但关键因素是快速制订一个可行的替代方案，并将变更传达给团队。传达计划变更的最佳方法是按照上面的方式将团队所有成员聚集在一起，与最初做介绍时一样。

变更救援计划是没有错的，也不能将其被视为失败。根据伤者需要变更救援计划是一项关键技能。我经常看到，现场指挥者和团队始终仅凭决心坚持执行一项并没有任何进展的计划，拒绝“让步”。

当情况没有按计划发展时，现场指挥者必须能做出准确判断并及时更改计划，无论计划变更是由于车辆方面存在技术挑战，还是因伤者情况而要缩短可用时间。

计划的制订方法

虽然计划的制订方法在世界各地略有不同，但最常见的方法是使用 A 计划和 B 计划。虽然并非每个人都把它称为“A”和“B”，但无论使用什么术语，其理论基础大体上是相同的。

当然，确实有些地方根本不制订计划，救援团队只是依据现场看到的情况做出响应和反应。我们必须能够针对现场情况做出反应，并采取以伤者为中心的方法，这很重要。也就是说，每一步行动，都要尽最大努力为伤者考虑，并减少任何可能对救援时间、创造救援空间，以及将伤者从车辆中移出（最大限度地减少伤者脊柱和骨盆的转动）造成的影响。

A 计划和 B 计划的基本原理的定义如下。

- **A 计划**：伤者的身体状况相对稳定，有足够的时间创造更大的救援空间，可以直接救援伤者，最大限度地减少伤者脊柱和骨盆的转动。
- **B 计划**：在伤者情况迅速恶化或其他紧急情况下的紧急救援计划。

多年来，消防救援人员一直使用 A 计划和 B 计划作为其方法论的基础，A 计划是首选的救援路线，B 计划是在伤者情况恶化的情况下的紧急救援计划。根据我的经验，有些情况下并不能明确区分 A 计划和 B 计划，尤其是当 B 计划在 A 计划之前制订出时。围绕这个话题展开的讨论经常会引起很多的误解。

我认为，只有“快”和“慢”这两种选择（在大多数情况下）是不以伤者为中心的，我们应该更多地考虑如何让救援计划满足伤者的需要。

因此，建议现场指挥者考虑使用以下方法，以确保（在切实可行的情况下）能够对以下可能发生的情况准确做出反应。

自救

目前关于自救有很多争议，但随着对受伤机制的逐渐理解和长期对硬颈托过度使用的事实，我们必须将自救作为一种选择。我们应该在现场接受临床指导，并确保所有工作始终符合当地或国家规定。这一领域仍将是未来几年讨论的热门话题，各组织应努力保持对自救问题的了解，并与医护人员保持密切合作，因为医护人员可以提供最新的循证方法和理论基础。

危急受控救援计划

如果伤者发生危急事件，如心脏骤停或呼吸停止，可立即将其从车内移出，以便继续进行医疗干预。此时的当务之急是对伤者进行医疗救助，例如胸部按压或插管等，这些在车内是无法进行的。因此，为了便于立即对伤者进行救护，必须首先清除任何阻止将伤者从车内移出的机械障碍。即使这是一次危急救援过程，也应采取一切措施尽可能地保持伤者身体成一条线，即受控状态，但必须优先解决导致机械卡压的问题。

紧急受控救援计划

如果在医疗评估期间发现伤者的身体状况正在恶化，则可能需要执行紧急受控救援计划，如在 5 min 内救出伤者。紧急受控救援计划不会中断医疗干预，并应在尽可能减少旋转伤者脊柱和骨盆的情况下尽快完成医疗干预。重要的是，现场指挥者要考虑在这 5 min 内还可以完成哪些救援工作，而不是简单地同意紧急受控救援计划。如果院前急救提供了 5 min 的时间窗口，这段时间应该用来创造最大的救援空间，以便更好地以伤者为中心进行救援，如最大限度地减少伤者脊柱和骨盆的转动。

快速受控救援计划

如果伤者的身体状况相对稳定，则可以按照我们的首选方法，根据已确定的受伤情况，创造一个合适的救援空间。在条件允许的前提下，应保持伤者平直（身体成一条直线），尽量减少脊柱和骨盆的转动。我们一般以 20 min 为一个“理想”的时间框架，并且在实际的救援培训中也仅为团队提供 20 min 的救援时间。我们必须根据伤者的伤情及时进行救援，救援时间可能根本没有 20 min。

如果能按照危急受控、紧急受控及快速受控的救援计划努力，就可以消除目前有关 A 计划和 B 计划及其实施顺序的所有困惑。理解了基本概念，能够确保我们对上述任何一种可能的情况做出反应，可以使我们的做事方法更有逻辑性，且更加以伤者为中心。

根据下表，可以看出 A 计划和 B 计划提供了一个简单的二元选项，即过去（大多数情况下）被解释为快速或缓慢的救援计划。

除了自救之外，还要考虑危急受控救援计划、紧急受控救援计划和快速受控救援计划这几个选择，确保救援计划总是以伤者为中心的。

自救

经过初步评估并始终在院前急救监督下，伤者可实施自救。

A 计划

快速受控救援计划

如果伤者的身体状况相对稳定，则可以按照我们的首选方法，根据已确定的受伤情况，创造一个合适的救援空间。在条件允许的前提下，应保持伤者平直（身体成一条直线），尽量减少脊柱和骨盆的转动。

紧急受控救援计划

如果在医疗评估期间发现伤者的身体状况正在恶化，则可能需要执行紧急受控救援计划，如在 5 min 内救出伤者。紧急受控救援计划不会中断医疗干预，并应在尽可能减少转动伤者脊柱和骨盆的情况下尽快完成医疗干预。重要的是，现场指挥者要考虑在这 5 min 内还可以完成哪些救援工作，而不是简单地同意紧急受控救援计划。

B 计划

危急受控救援计划

如果伤者发生即时事件，如心脏骤停或呼吸停止，应立即将其从车内移出，以便继续进行医疗干预。应采取一切措施保持伤者身体平直，即受控状态。

术语

关于救援计划所用的术语一直存在很多争议，但让提供培训和参与事件处理的所有机构都采用相同的描述，这才是最重要的。

我所使用的术语——快速受控救援计划、紧急受控救援计划和危急受控救援计划，其依据的基本原理只是简单描述时间框架，并强调对每种救援方法进行控制的必要性。对伤者进行必要的控制常常被忽视，哪怕在危急救援的情况下也是如此。所以，即使在危急情况下，也必须对现场进行一定程度的掌控。

我见过很多不同的救援方案，包括快速受控救援计划、紧急受控救援计划、危急受控救援计划等，有些人可能会认为，只有最后一种方案才需要对伤者进行一定程度的小心护理。

需要指出的是，无论对选择何种救援计划，都必须确保现场所有人员正确理解它们的含义以及执行方式。只有通过跨机构共同培训，才能真正做到这一点。

现场沟通

微信扫描二维码关注
“艾迪斯鼎力科技”公众号
观看本页操作视频

在现场立即建立清晰有效的沟通渠道是很重要的。现场沟通的主要目的是提供一个安全的工作环境，同时也确保有效传达指定的救援计划，并反映需要立即提醒现场指挥者注意的事项或问题。

做好现场沟通管理很重要，应尽可能将沟通音量保持在最低限度，因为任何不必要的噪声都可能危及安全和影响伤者护理。每一名团队成员都有责任提供与救援有关的最新进展信息。

应建立并保持以下沟通渠道。

- **现场指挥者—消防救援团队。**

现场指挥者必须与团队的其他成员保持有效的沟通，详细说明潜在危险，并在必要时提出建议。现场指挥者必须详细说明要实施的救援计划，并通过要求团队成员进行确认（并给出反馈）检查他们是否理解现场指挥者的意图。在整个救援过程中，现场指挥者必须不断通报最新情况，鼓励团队成员的士气，并在安全无法得到保证的情况下下令停止一切作业。

- **消防救援团队—现场指挥者。**

消防救援团队必须不断向现场指挥者详细报告他们的最新进展情况以及可能遇到的潜在问题。必要时，现场指挥者可以根据这些信息变更和调整救援计划。

- **现场医护人员—伤者。**

一旦有机会（在确认安全和稳定后），现场医护人员就要与车辆内的伤者建立沟通关系。只有与伤者建立了沟通关系，才能开始评估，进而才能将信息传递给现场指挥者。

- **现场指挥者—现场医护人员。**

一旦制订了救援计划，现场指挥者就应将此计划传达给现场医护人员，并确认他们理解计划内容。如果由于技术原因必须调整或更改计划，现场指挥者必须通知现场医护人员，以确保更改计划的可行性。当救援通道已经完全打开并即将开始救援时，现场指挥者将救援的控制权移交给现场医护人员（伤者的所有动作将由固定颈椎的医护人员控制）。

- **现场医护人员—消防救援团队。**

在救援过程中，医护人员将与伤者进行密切接触。在救援过程中，如果消防救援团队采取的行动对伤者产生了不利影响，医护人员必须与团队进行开诚布公的沟通，提出合理建议，让团队更换行动位置或技术。一旦打开了救援通道，医护人员必须向消防救援团队提供一份以伤者为中心的简要报告，然后再协助进行救援。

- **现场指挥者—现场其他联动机构。**

现场指挥者（或其他指定人员）必须与现场的其他联动机构保持沟通，包括警察、医护人员及其他联动机构的人员。必须建立明确的沟通关系，以便每个机构都能够安全、及时并根据伤者情况有针对性地执行任务。切记，按照团队工作法，现场指挥者对团队的安全负责，决不能为了与另一个机构合作而离开救援现场。因此，应指定专人负责沟通工作。

救援时间线

为了更好地理解救援计划，我提供了一个基本的时间线。虽然这并不代表每一种情况，但它展示了现场指挥者应考虑的关键因素和工作流程。该时间线包括几个不同的要素。

时间线的上半部分清楚地显示了救援的三个阶段，并为现场指挥者提供了一般指导。

- **初始信息收集。**

在此阶段，现场指挥者将与医护人员和消防救援团队的一名成员共同开展360度全方位评估，并获取与安全、车辆、环境和伤者有关的必要信息。现场指挥者将确定当前的首要工作并分配任务。一旦消防救援团队在一定程度上保证了车辆的稳定性，医护人员将设法进入车辆。可以根据现场指挥者在此阶段收集的信息制订初步计划。全程进行安全监控。

- **监督和审核。**

一旦完成伤者评估工作，就可以对制订的初步计划进行全面确认。在此阶段，现场指挥者对救援计划的执行情况进行监督和审核，并与消防救援团队和其他机构保持沟通。消防救援团队创造必要的救援空间，并努力打开初始救援通道和最终救援通道。医护人员提供伤者的最新情况，并在必要时将伤者移交给院前急救。如有必要，现场指挥者可能需要变更计划，并传达变更内容，对全程进行安全监控。

- **最终阶段和结束。**

现场指挥者将控制权移交给医护人员或消防急救人员，由他们负责监督救援阶段。成功救出伤者后，现场指挥者恢复控制权，并确保现场安全，同时将设备整理好（如果更换了车上的设备）。这一阶段非常关键，应全程做好安全监督工作，此时可以酌情放宽个人防护装备的使用。在确认现场安全后，现场指挥者应在一个安全、合适的地点组织大家进行事后情况说明。

时间线的下半部分介绍了现场工作流程示例，并介绍了团队中的负责人——现场指挥者、医护人员或消防救援团队。工作任务的重叠表示“同时进行的活动”，即为了缩短现场救援时间而需同时完成的任务。

时间线的底部仅代表持续风险管理的重要程度，这是现场所有机构的每个成员的责任。

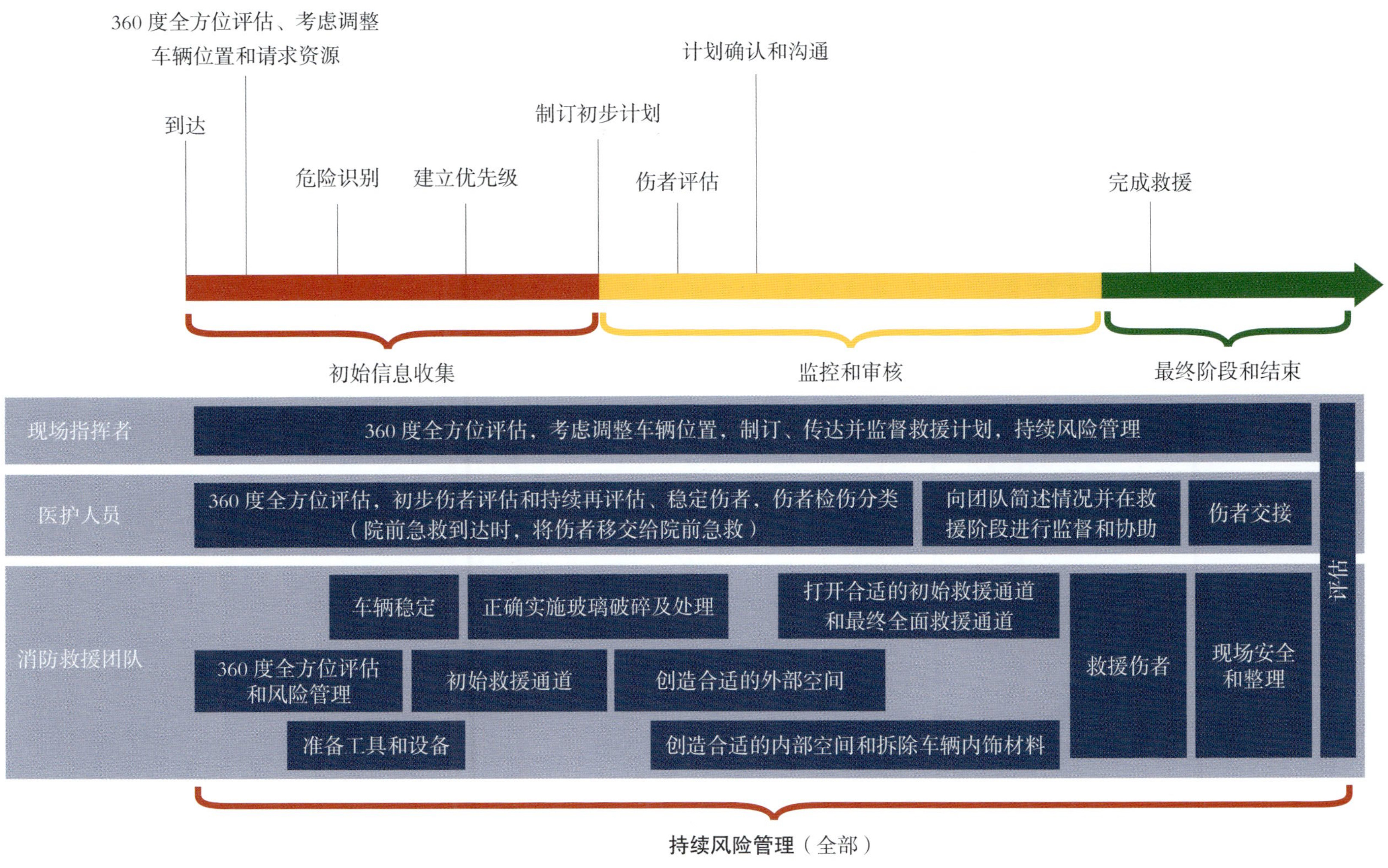
360 度全方位评估、考虑调整
车辆位置和请求资源
到达
危险识别
建立优先级
制订初步计划
伤者评估
计划确认和沟通
完成救援
初始信息收集
监控和审核
最终阶段和结束
现场指挥者
360 度全方位评估，考虑调整车辆位置，制订、传达并监督救援计划，持续风险管理
医护人员
360 度全方位评估，初步伤者评估和持续再评估、稳定伤者，伤者检伤分类
（院前急救到达时，将伤者移交给院前急救）
向团队简述情况并在救
援阶段进行监督和协助
伤者交接
消防救援团队
车辆稳定
正确实施玻璃破碎及处理
打开合适的初始救援通道
和最终全面救援通道
360 度全方位评估
和风险管理
初始救援通道
创造合适的外部空间
准备工具和设备
创造合适的内部空间和拆除车辆内饰材料
救援伤者
现场安全
和整理
评估
持续风险管理（全部）

LUKAS
LUKAS
LUKAS
LUKAS
LUKAS

交通事故调查

146 引言
147 交通事故调查员（CI）的作用
148 交通事故调查员的行动和救援人员的作用

引言

交通事故调查通常由执法部门进行，交通事故调查的级别、类型和方法因区域而异，从全面审核到细枝末节皆有。每一个参与交通事故救援的救援人员都必须牢记，他们的一举一动都可能使救援进程受到影响。因此，救援人员必须尽职尽责，并尊重交通事故调查员的工作。

救援人员的主要作用是以安全、系统化的方式保护并拯救生命。而交通事故调查员（CI）的职责不仅是为潜在的法律诉讼提供证据，而且还要向被救援者（遇难者或发生永久性创伤的受困者）的家属提供信息。

对交通事故调查员的角色和工作的认识会影响救援人员的决策，甚至可能改变执行救援过程的方式。因此，我强烈建议，在开展跨机构培训和预先计划时，将交通事故调查作为一个关键的考虑因素。

多年来形成的一些技术虽然有效，但往往没有考虑到交通事故调查的重要性。有时救援人员的行动会影响证据的收集。这是不可行的，尤其是很多技术都可以找到替代方法来实现相同的效果，而对交通事故调查并不产生任何影响。救援人员必须意识到交通事故调查员的重要作用，并允许他们非正式地公布救援决策和随后的现场行动。交通事故调查是跨机构方案中必不可少的一部分，但是在各个环节中往往被忽视。

交通事故调查员（CI）的作用

当接到可能导致人员死亡或车辆乘员或行人可能出现威胁生命的事故通知时，交通事故调查员便需要到现场进行调查。交通事故调查员的职责涉及多个方面，极其复杂，而且可能很费时。根据事故的性质和地点，一次全面的调查通常需要 4~6 h。

以下简要概括了交通事故调查员可能采取的一些行动以及跨机构响应者应考虑的事项。消防救援机构必须与现场的交通事故调查员密切合作，虽然他们的首要任务是救助伤者，但每一个决定和行动都必须以法律和道德为依据，并必须协助保护和整理证据。

交通事故调查员的行动和救援人员的作用

识别和记录道路和相邻路面通用标记和临界速度标记

因为道路和周围区域内的标识是重要证据，所以每一位救援人员必须确保以下事项。

- 靠近事故现场时须小心谨慎并注意保持速度。
- 切勿把车停在有明显标记的地方，即使这些标记不是事故造成的。
- 避免将车辆停放在松软的路肩上。
- 有标识标记的道路或区域内避免人员和设备进入。
- 在未经交通事故调查员批准的情况下，避免在已标识标记的表面拖拽设备。
- 不得“冲洗”任何碎片或清洁设备。
- 如有疑问，要拍照留存。

识别和记录车辆标记

交通事故调查员负责记录事故在车辆上留下的重要痕迹。尽管救援人员的首要任务是拯救和保护生命，而且他们的操作性质需要在车辆上做标记，但所有救援人员必须确保以下事项。

- 如果条件允许，在开始救援之前，对车辆进行拍照。
- 切勿在车上留下不必要的标记，并确保所使用的技术和操作能够避免在车上留下不必要的标记。
- 与交通事故调查员合作，沟通救援过程中所执行的任务性质，以及救援过程中对车辆造成的额外损坏和影响。

现场激光扫描、车辆损坏和人工检测

交通事故调查员需要使用激光扫描设备、记录现场以及车辆和其他相关证据，考虑到这一点，所有救援人员必须确保以下事项。

- 及时清退人员和搬移设备，避免对现场造成不必要的污染。
- 与交通事故调查员合作，沟通救援过程中所执行的任务性质，以及救援过程中对车辆造成的额外损坏和影响。

后视镜检测

车辆查看包括后视镜（内外后视镜）检测，这项工作可以确定驾驶员的视野范围。出于这种考虑，所有救援人员必须确保以下事项。

- 不要无端移动或拆卸内部后视镜，不要移动外后视镜的原始（碰撞后）位置（如可行）[①]。

① 救援过程可能需要拆卸车门，这项操作是允许的，但应尽可能保持原来后视镜的位置。

车辆初步检查

这项作业的一个重要内容是评估车辆控制装置的位置和状况。进行车辆初步检查时，要求车辆保持安全稳定，且可能需要交通事故调查员在车辆附近和车辆内部开展工作。此时，需要识别并记录救援过程中对车辆进行的操作。出于这种考虑，所有救援人员必须确保以下事项。

- 与交通事故调查员沟通救援过程中执行任务的性质，以及救援过程中对车辆造成的额外损坏，对车辆控制装置、座椅及其他设备的移动造成的影响。
- 在救援过程中，不要无端移动或改变车辆控制装置、座椅或其他设备的位置。
- 与交通事故调查员协商建立一套安全工作体系，并确保车辆稳定，无火灾风险，覆盖锐利边缘，清除或处理玻璃碎屑。

车灯检查

了解事故发生时车灯是否点亮，可以获得与驾驶员行为有关的信息，并将其作为重要的证据。交通事故调查员须检查车灯，以确定事故和救援工作的时间线。出于这种考虑，所有救援人员必须确保，在救援过程中所使用的操作技术不会损坏车灯[①]。

- 使用扩张器粉碎车灯。
- 使用撬斧等工具打开分缝线以拆除外翼板上指示灯的中继器。

请勿执行以上操作，或选用不会损坏车灯的操作技术。

① 几种常见的技术可能会影响车灯检查。

从乘员约束系统（安全带）收集证据

车辆安全带是主要的被动安全装置（还包括其他被动安全系统），因此交通事故调查员必须确定乘客是否系上了安全带，在事故发生时安全带是否有效，并提供与乘客位置有关的信息。

此外，由于摩擦会产生热量，安全带织带和衣物纤维的摩擦程度，可证明发生碰撞时哪位乘客受到哪个装置的约束。在驾驶员身份不明或受到质疑的情况下，这个证据非常重要。出于这种考虑，所有救援人员必须确保以下事项。

- 非必要不切断或损坏安全带织带或安全带结构。
- 记录从乘客身上取下安全带的动作（可在伤者报告表中注明）。

根据形变挤压损伤的测量值确定速度的变化

交通事故调查员可以计算出造成车辆变形所需的能量，从而确定事故发生时的速度和减速率。由于救援人员的救援操作很可能改变形变的性质，例如在撑顶复位操作期间，因此所有救援人员必须确保以下事项。

- 在救援过程中，如非必要，切勿更改或影响车辆形变程度。
- 在进行任何操作或逆转形变程度（如侧面碰撞后的撑顶复位）的作业之前，记录或测量碰撞后的原始尺寸。

汽车仪表盘检查

汽车仪表盘保存着重要信息，无论是模拟信息还是数字信息。同样，现代车载电气系统也保存着有价值的证据，是现场交通事故调查员收集证据很好的来源。例如：“娱乐系统”存储着与配对移动设备相关的数据；全球定位系统（GPS）将提供车辆历史定位、行程记录以及速度和距离信息。这都有助于后续的调查。出于这种考虑，所有救援人员必须确保以下事项。

- 在救援过程中，如非必要，切勿损坏汽车仪表盘或车载电气系统[①]。
- 如果可能损坏某电气系统的仪表盘，需在实施操作之前，记录相关信息，如模拟速度计的指针位置。

抛物体计算

交通事故调查员通过数学方程，确定车辆或其部件的抛射速度。也就是说，可以根据事故后被抛射出的车辆碎片的距离，计算出事故发生时的速度，从而提供可靠的证据信息。出于这种考虑，所有救援人员必须确保以下事项。

- 在未经过与交通事故调查员事先协商的情况下，如非必要，切勿将车辆碎片和部件从道路或周围环境中移走。

① 在救援过程中损坏汽车仪表盘和电气系统并不罕见。顶升仪表盘可能会对汽车仪表板造成一定的影响，“中心复位”（瑞典通常采用的方法）过程可能会损坏并影响某些前装的“娱乐系统”，这些系统保存着重要的信息。

速度、动量、减速度和摩擦系数的测量

交通事故调查员通常会在现场进行一些动态的车辆测试，记录与车辆、路面有关的数据，出于这种考虑，所有救援人员必须确保以下事项。

- 及时清退人员并搬走设备，避免对现场造成不必要的破坏。
- 与交通事故调查员合作，沟通救援过程中所执行的任务性质，以及救援过程中对车辆造成的额外损坏和影响。

LUKAS
SEIZ

汽车车辆

156　汽车新技术
158　车辆结构
160　先进高强度钢（AHSS）
163　碳纤维增强聚合物（CFRP）
165　汽车玻璃
168　汽车安全系统
169　主动安全系统（主要保护系统）
171　被动安全系统（辅助保护系统）
177　被动安全系统——救援现场的风险
178　12 V 电池系统（内燃机汽车）
179　汽车电气化
180　混合动力汽车
182　电动汽车
185　高压电池
188　混合动力汽车和电动汽车的安全性
192　氢燃料汽车
194　新车碰撞测试

汽车新技术

在救援领域中，专业术语“车辆新技术”和“汽车新技术”通常用于描述道路上最新车辆的传动系统、安全系统和结构部件，这些都是消防救援人员想要了解的。因为一直以来人们都认为“汽车新技术”不但会对现场救援提出巨大挑战，还会增加风险，从而延长现场的救援时间。作为一名救援行业的培训工作者，我多年来的大部分时间都用在如何增强消防救援人员的能力上，并让他们相信，现实中的“汽车新技术”并不可怕。

不同国家和地区的培训课程，无论是理论培训，还是实践操作，几乎都着重于以下三个关键方面

- **车辆结构，特别是先进高强度钢（AHSS）和碳纤维。**
- **被动安全保护系统和安全气囊。**
- **替代燃料，**例如混合动力汽车和电动汽车。

我们通常所说的“汽车新技术”其实并不是新技术。

虽然安全气囊是在 20 世纪 70 年代初推出的，但在 20 世纪 80 年代初才在梅赛德斯汽车上广泛使用。安全气囊已有将近 40 年的使用历史。混合动力汽车于 1997 年在日本上市，经过 20 多年的发展，已经遍布世界各地。先进高强度钢在汽车制造中的应用已有 20 多年的历史，从第一辆纯电动汽车问世至今也有近 10 年的时间。我们通常所说的汽车新技术指的并不是这些技术。这些技术属于旧技术，只是随着时间的推移得到了改进，对消防救援人员的操作方法影响很小，甚至没有影响。

当然，我们对破拆技术做出了必要的调整，并改进了一些方法，但总体来说，人们所认为的现代车辆设计所产生的问题不应阻碍消防救援人员的救援过程，当然也不应延长现场的救援时间。

但需要注意的是，应该确保消防救援人员掌握了破拆救援相关的最新技能、知识和认识，这些都是他们随时会用到的。另外还应具备使用最新一代破拆救

援工具（适用于最新车辆结构）的技能。很简单，老一代的破拆工具虽然可以应对现代车辆结构的挑战，但新一代的破拆工具仅需消耗一小部分的性能便可解决现代车辆结构上的问题。认识到这一点可以增加使用者对破拆工具的信心。我已经花费了很多时间向消防救援人员证明，当今的破拆工具足以应对现代车辆结构的挑战。

我们还应考虑其他因素。有多少救援人员因电动汽车或混合动力汽车上安全气囊弹出或暴露在高压系统中而受伤？这些问题将在随后的章节中介绍，这里只需说明，如果能够充分地将“汽车新技术”的“各种问题”综合考虑，我们很可能在几年前就已经开始研究其他更迫切的“难题”了。

对我来说，“汽车新技术”是一个过时的术语，与当今的车辆救援并无关系。现在汽车的性能更强、重量更轻、体型更宽，安全系统也比以往任何时候都全面。同时，汽车有多种传动系统，从内燃机到混合动力，再到纯电动，还有现在新兴的氢燃料。经过多年积累的实践经验和精心研究，我们已经掌握了应对技术进步的办法。

车辆结构

在探讨复杂的车辆结构问题之前，首先需要配备最新一代的液压破拆工具，这样拆解由进口钢材（各国的钢材标号有所区别）制造的汽车便不再是难题。

过去10年来，我破拆过数百辆全新的车辆，至今尚未发现一种让我觉得破拆困难的车辆结构，只需要对破拆技术进行稍微的调整即可。在破拆车辆的同时，我还观察最新一代的破拆工具是如何工作的，通常使用它们50%左右的性能，便可达到预期的破拆目的。这意味着，最新一代的破拆工具在应对车辆结构问题上绰绰有余。我遇到的所有问题都是我自身操作不当造成的，通常是工具定位不准确或未能识别不应该剪切的东西（如安全带锚栓）。这主要取决于操作者掌握的工具使用技能，甚至有时候操作者不具备这种技能。

碳纤维增强聚合物（CFRP）在高端车辆上已使用了多年，如今，随着应用的日益增多，这种材料再次引起消防救援人员的注意。这主要是因为，在培训环境中缺乏这方面的知识，同时也无法接触到相关材料。但要相信我们完全可以应对这类材料，不要让它对破拆救援造成过多困扰。

需要注意的是，为了减轻车身重量，塑料板（如汽车翼子板）的使用越来越多。虽然塑料板的强度要小得多，但它并不像通常训练中使用的旧车上的钢铁那样易于受力变形，这也给救援工作带来了新的挑战。

消防救援人员必须清楚，现代车辆结构的强度虽然非常强，但只要有合适的工具，就不会对救援工作造成重大影响。无可否认，汽车的轮廓大小和宽度都在发生变化，这意味着消防救援人员必须调整工作方法，但就解决车辆结构问题而言，仍在他们的处理能力范围内。例如在破拆碳纤维增强聚合物时，不得不使用其他替代工具和技术。经过研究我总结出，使用往复锯并配备正确的刀片，可以简单快速地处理这类材料并创造救援空间。

多管齐下（通常指在线协作），可以使救援工作更加科学化，当然，这些在车辆结构方面也适用。例如，可以学习一些冶金学方面的知识。我一直强烈建议消防救援人员要巩固他们在相关领域的基础知识，不仅如此，还要保持相关性，并认识到（就结构而言）钢铁行业和汽车行业的知识存在交叉，这也是在救援中难以通盘考虑的困难所在。

一般来说，新的车辆结构产生的主要问题是消防救援人员无法及时获得新的车辆信息，这样也就无法针对新的车辆结构开展相关培训、培养技能，以此建立信心，并让自己相信之前不断训练的剪切和创造救援空间的方法会像期望的那样奏效。知识与经验之间存在的差距，会导致我们缺乏信心。

在这里无法针对这一问题给出简单的解决办法，但在我的实际经验中，这些久经验证的方法一直都非常有效。当然，在使用中，消防救援人员确实需要对某些方法做出细微的改变，有些技术需要花费更多的精力。为降低强度而进行的释放性剪切（如移动仪表盘前的剪切操作），需要花费更多的力气；如果汽车轮廓较宽，则要增加破拆的工作量。甚至对于某些技术，我希望能够找到替代的方法，因为车辆结构问题并非像有些人害怕的那样，是难以解决的难题。

先进高强度钢（AHSS）

与 20 年前相比，现代车辆的制造方式和制造中使用的材料几乎无法用肉眼辨别。对于平均载重为 900 千克的车辆来说，钢材仍然是首选材料，约占车辆总重量的 65%。从 20 世纪 90 年代开始，各个国家和地区不断颁布关于排放和全球环保议程的法律法规，这意味着现代汽车比以往任何时候都更坚固、更坚硬、更轻、更省油。

在过去的 20 年中，汽车行业内存在如下两种相互冲突的观点

- **减轻汽车的车身重量。**
- **在新车碰撞测试中表现良好，提高安全性能。**

这两个目标是如何同时实现的？

先进高强度钢（AHSS）的开发和应用彻底改变了汽车行业的生产模式，但同时也给救援行业带来了一定程度的恐慌。这主要是由于以下关键因素造成的。

首先，当今车辆的构造方式更加科学。要充分了解所用原材料的特性、生成原理以及在汽车各个组件中如何变化，都需要一定程度的知识水平和理解能力，但这些对消防救援人员来说往往是不可能达到的。除非他们参与（并充分理解）某项学术研究，否则很难充分消化和理解这些从网上即时获得的信息。因为这些信息的提供者和适用对象通常都是钢铁行业和汽车行业的工程师。可以说，任何一个置身于钢铁行业和汽车行业之外的人，包括我自己在内，都会觉得很难读懂这些信息。在过去的 10 年里，我被问得最多的一个问题就是“……能剪切硼钢吗？”单是这个问题就表明了我们缺乏对车辆结构学的了解。

其次，也许是更重要的一点，几乎不可能直接将当今车辆所采用的结构强度与液压破拆工具的性能挂钩。进口钢材的强度通常以兆帕（MPa）来衡量，且通常指极限抗拉强度或屈服强度。无法进行这种直接对比，才会使人产生疑惑。身处一个行业中，我们喜欢利用自己已掌握的专业知识解决问题，一旦遇到知识盲区，一般会感到担忧。

毫无疑问，在过去的 10 年里，最常见的话题是关于车辆结构及其在车辆救

援中的意义。

虽然讲一些关于冶金工程（从矿石中提取金属的过程以及金属材料的开发、生产和使用）和物理冶金（金属的成形、合金化、热处理和测试）的内容可以帮助消防救援人员理解金属材料，但为了尽量简化车辆救援的过程，就不在此介绍了。

1994年在超轻钢质汽车车身计划（ULSAB）的推动下，先进高强度钢（AHSS）在20世纪90年代后期进入汽车市场。由全球30多家钢铁制造商组成的联盟决定一起反对将有色金属引入汽车市场。铝合金等有色金属替代材料虽然价格更高，但对一些制造商来说，它们却是很好的选择。例如奥迪是世界上首批大规模生产铝合金汽车的制造商之一。

在撰写本书时，第三代先进高强度钢已经在强度和延展性方面取得了进一步提高。延展性主要指的是可以将钢材打造成汽车设计和构造所需的任何形状。

搜索任何一个与救援相关的网站，最终都会出现关于进口钢材的信息，包括名称、描述、化学成分以及延伸率、屈服强度、成形性能等大量数据。这些使人眼花缭乱的信息虽然是基础知识，但当交通事故中有一个危重伤员急需救援时，它们并不能派上用场。

但消防救援人员还是应该了解一些适用于现代车辆所用原材料的基本原理以及材料性能。

先进高强度钢分类和术语

先进高强度钢是一个广泛的术语，它包括一系列产品，每种产品都具有不同的物理性能，因此制造商的使用方式也各不相同。通常按照超过 550 MPa 的屈服强度进行分类。具有较高屈服强度的钢材，例如屈服强度大于 780 MPa 的钢材，通常被称为“超高强度钢”（UHSS），屈服强度超过 1 000 MPa 的钢材被称为“千兆钢”。

屈服强度的定义：

“钢材的屈服强度指钢产生永久变形所承受应力的大小。”

毫无疑问，车辆大量使用带有“先进”“高级”“千兆”字样的钢材能够引起消防救援人员的高度关注。但是这些名词只是在描述钢材的发展（与 20 年前相比），并不能说明新一代液压破拆工具对它们束手无策。

先进高强度钢分类中的钢材种类

- **双相钢**（DP）。
- **复相钢**（CP）。
- **马氏体钢**（MS 或 MART）。
- **相变诱导塑性钢**（TRIP）。
- **热轧钢**（HF）。
- **孪晶诱导塑性钢（TWIP）。**

双相钢和相变诱导塑性钢具有较高的能量吸收特性，广泛用于现代车辆结构中，最常用于汽车正面碰撞结构中。从保护乘客的角度来说，车辆内部结构普遍采用马氏体钢，因为马氏体钢中添加了硼元素，具有极高的强度。

碳纤维增强聚合物（CFRP）

与许多汽车技术一样，碳纤维的使用可以追溯到赛车运动，尤其是一级方程式赛车。迈凯伦 MP4/1 于 1981 年上市，它是世界上第一辆完全由碳纤维制成的一体式车架结构的汽车。迈凯伦 MP4/1 不仅车身重量轻，车辆的操控性和驾驶性能得到了改善，而且车身强度也出类拔萃。在第一年参加意大利大奖赛的一次高速撞击中其强度得到了充分证实。

于是其他车队也迅速效仿，从而改变了单座赛车的设计和结构，当时所用的碳纤维材料与如今使用的十分相似。

什么是碳纤维增强聚合物（CFRP）？

碳纤维增强聚合物由极细的碳纤维组成，具有极高的抗拉强度（是钢抗拉强度的 5 倍）。纤维直径在 5~10 μm，具有低热膨胀性，可以耐高温，且耐化学性好。这些纤维被单向编织成薄片（为了增加强度），然后分层。

碳纤维增强聚合物成品材料坚固，具有柔韧性，但尚未应用到某些车辆的结构部件（如 B 柱）或美观部件（如车身外部板件或内饰板）中。这种材料可以采用多种工艺进行模塑，需在加热之前加入环氧树脂。在碳纤维中加入树脂后，有助于复合材料形成折痕，不仅使汽车部件具有较高的强度重量比，还具有极高的刚度。

碳纤维增强聚合物在道路汽车设计中的普及速度很慢，但在过去的 20 年间，这种材料的使用越来越多，最初用于法拉利和兰博基尼等高端顶级汽车，近几年也开始用于丰田和宝马等制造商生产的价格更实惠的汽车上。

碳纤维增强聚合物使用率提高的主要因素包括设立法规、排放标准，以及随着全球汽车市场向电气化转变，车辆的可行驶里程增加（这是减轻车身重量的直接结果）。此外，安全也是一个关键的驱动因素，因为碳纤维增强聚合物的使用提高了车辆材质的刚度和吸能能力。

但在大规模生产、生产周期以及改善与车辆结构所使用的其他材料之间的兼容性方面，碳纤维增强聚合物还存在很大挑战。

消防救援人员需要了解，在未来几年里，越来越多的碳纤维增强聚合物将与先进高强度钢材一起应用于汽车生产中。尽管这些复合材料的强度非常高，但仍有办法可以对其进行处理以及将其从车上拆下，以便在救援过程中创造空间。

我从最近的工作经验中找到了救援过程中处理碳纤维增强聚合物较有效的方法，那就是使用配备专用刀片的往复锯。

汽车玻璃

近些年来，汽车所用玻璃的类型未发生很大变化，这对消防救援人员来说是个好消息，因为可以较为轻松地处理汽车玻璃问题。但汽车玻璃的使用位置发生了改变，除了常规车窗外，某些汽车还设计了全景天窗结构，这便潜在增加了处理玻璃的工作量。

实际上可以认为汽车玻璃具有被动安全功能，使用玻璃的初衷是可以使乘员在发生碰撞时不被弹出车外，还有助于窗帘式安全气囊的有效触发，并为汽车增加结构强度。

20 年前，随着黏合技术的引入，汽车玻璃，特别是前、后挡风玻璃的安装方法发生了变化。在黏合技术被引入之前，通过使用橡胶垫圈的方式进行玻璃安装。现在仍会在道路上发现这样的一些老式车辆，而且培训课程也可能涉及这些车辆。因此，消防救援人员不仅要熟悉玻璃的结构，还要熟悉将玻璃固定到车辆上的各种方法，以及在何种情况下可以进行玻璃破碎或拆卸。

高强度夹层玻璃

高强度夹层玻璃大约是在 100 年前被发明的，它是由多层玻璃黏合在坚固的塑料薄膜两侧而形成的，塑料薄膜通常是聚乙烯醇缩丁醛（PVB）或乙烯-醋酸乙烯酯（EVA）。即使玻璃碎了，也会粘在塑料薄膜上，车窗通常还会保持在原来的位置上。高强度夹层玻璃具有很多个优点，其中最主要的优点是在发生正面碰撞的情况下防止驾驶员或乘员被弹出去（如果驾驶员或乘员未系安全带）。这种玻璃不仅可以降低驾驶室内的道路噪声和发动机噪声，还可以通过反射紫外线降低驾驶室温度。此外，还易于修理，可以将其制成各种形状，符合设计上的美观要求。

除了用在前挡风玻璃上，高强度夹层玻璃还可以用在侧窗上，但主要是作为选装材料。现在，越来越多的汽车都标配了高强度夹层玻璃，汽车制造商声称，在低速碰撞中，高强度夹层玻璃大大降低了破损程度，可以减少修理费用，同时，如果乘客未系安全带，那么在翻车事故中，也可以防止乘员被弹出车外。

全方位采用高强度夹层玻璃，会使车辆更安全，从应急救援响应的角度来看，当消防救援人员无法通过车门进入车辆来救援无反应的伤者时，需要考虑采用破碎玻璃等方式创造其他紧急救援通道。

钢化玻璃

钢化玻璃一般用于汽车的侧窗和后挡风玻璃，一旦破碎，会碎成圆形小块。在事故中可最大限度地减少对乘客造成的伤害。将钢化玻璃加热到600℃以上，然后快速进行冷却，该过程称为“淬火”。在快速冷却时，玻璃外表面的冷却速度会比玻璃中心的冷却速度快。因此，玻璃中心将保持张力，而玻璃的外部则处于压缩状态，从而提高玻璃的承载能力。

内部与外部相反的力为钢化玻璃提供了一定的强度。钢化玻璃虽然相对安全，但给现场消防救援人员带来了一定的危险，所以在破碎钢化玻璃时要格外小心。

全景天窗玻璃

在车辆中配置全景天窗已经有近10年的历史了，由于可以使车辆更加美观，全景天窗在家用车辆中越来越受欢迎。全景天窗通常由夹层玻璃制成，横跨车顶的整个长度，可以为驾驶室提供额外的光线。全景天窗基本是固定的，不能打开来增加气流。但某些汽车采用分段式全景天窗，其中一个或两个可以电动打开。

起初消防救援人员对于带全景天窗的车辆也有些担心。但后来发现，全景天窗通常都是由一块面积较大的夹层玻璃制成的，消防救援人员可以迅速处理这种玻璃，所以这对救援也是一个有利条件。消防救援人员可以通过全景天窗快速进入车内并创造最终的救援路径。

聚碳酸酯玻璃

通常，聚碳酸酯玻璃仅在某些高端量产跑车上使用，而主流汽车制造商主要还是使用钢化玻璃和夹层玻璃。即便如此，为了进一步减少排放量，制造商们一直在寻找一种可以减轻车身重量的材料。

除了车辆结构之外，玻璃的材质也正越来越多地被塑料取代，使用塑料可以使车身重量减轻高达 50%。但在世界上的某些国家和地区，法律法规仍然强制要求在汽车制造中使用玻璃，若要用塑料大范围代替玻璃，则需要得到相应法律法规的允许。因为这方面的限制以及其他制造、喷漆及涂层方面的原因，使用聚碳酸酯玻璃的汽车在实际生产的汽车中只占有很小的比例。

汽车安全系统

我们的身体无法承受急速移动或突然停止造成的伤害，也不能承受道路交通碰撞中产生的各种撞击力。因此，汽车制造商开发出了一系列的主动和被动安全系统，这些系统不仅可以在发生事故时提供保护，还可以在第一时间主动防止伤害的发生。

面对来自监管、商业、法律和道德等方面的多重压力，汽车制造商应该采取更多措施为乘客和行人提供保护。新车碰撞测试（NCAP）会根据车内所有人员（包括儿童）的安全性开展新车评级，同时考虑车辆与行人发生碰撞时的影响。这一评估计划推动了车辆安全领域技术的向前发展。

1959 年，沃尔沃推出了三点式安全带，20 世纪 70—80 年代推出了安全气囊和被动安全系统，在过去的 20 年里，人们在车辆结构方面取得了很大的进步，汽车安全系统的不断改进拯救了成千上万人的生命，安全系统也引起了消防救援人员极大的关注，并促使他们改变救援方法。

这部分介绍现代车辆中不同类型的安全系统，并把关注点放到实际情境中，讨论这些安全系统对消防救援人员的实际影响。

特斯拉自动驾驶
——特斯拉 Model 3

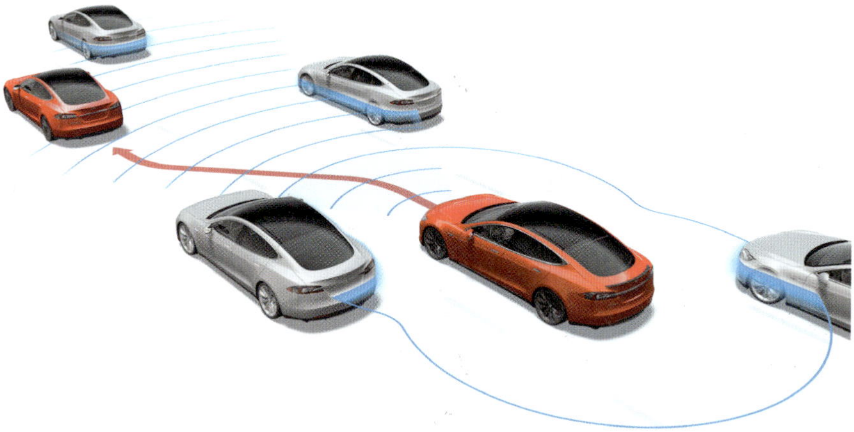

主动安全系统（主要保护系统）

主动安全系统（也称“主要保护系统”）可以简单地描述为在碰撞之前处于激活状态的车辆系统，其作用是预防碰撞的发生。顾名思义，它们通过提供预警，或在转向、制动、控制车辆方面为驾驶员提供其他协助的方式，减少发生碰撞的可能性，起到预防的作用。

良好能见度属于主动安全系统中的一个基本术语，但如今的车辆都采用更加复杂的技术来防止事故的发生。一般而言，主动安全系统不会在碰撞发生后对消防救援人员产生任何危险。

主动安全系统包括以下几个方面

- **防抱死制动系统：**在汽车制动时，自动控制制动器制动力的大小，使车轮不被抱死，处于边滚边滑（滑移率在 20% 左右）的状态，以保证车轮与地面的附着力处于最大值。
- **电子稳定控制系统：**帮助车辆在其预期的路径上转弯，以避免滑动或打滑。
- **牵引力控制系统：**使汽车在各种行驶状况下都能获得最佳的牵引力。
- **前方碰撞警告系统：**通过雷达系统时刻监测前方车辆，判断本车与前车的距离、方位及相对速度，当存在潜在碰撞危险时对驾驶者发出警告。
- **制动辅助系统：**优化紧急制动操作过程中车辆的制动性能。
- **自适应巡航控制系统：**利用低功率雷达或红外线光束得到前车的确切位置，如果发现前车减速或监测到新目标，系统就会发送执行信号给发动机或制动系统来降低车速，从而使车辆和前车保持一个安全的行驶距离。
- **自动紧急制动系统：**监测前方目标的距离和相对速度，当驾驶员制动过晚、制动力过小或者完全无制动措施时，系统将采取措施辅助驾驶员避免或减轻碰撞。
- **盲点预警系统：**扫除后视镜盲区，通过微波雷达探测车辆两侧的后视镜盲区中的超车车辆，对驾驶者发出提醒，从而避免在变道过程中由于后视镜盲区而发生事故。

- **车道偏离警告系统：** 通过图像处理获得汽车在当前车道中的位置参数，当检测到汽车偏离车道时，传感器会及时收集车辆数据和驾驶员的操作状态，之后由控制器发出警报信号。
- **车道保持辅助系统：** 在车道偏离预警系统的基础上对转向系统进行控制，辅助车辆保持在本车道内行驶。
- **自动雨刮器：** 感应雨点，并自动启动雨刮器。
- **自动照明灯：** 黑暗时自动开启车灯。
- **行车灯：** 属于永久照明灯，用来提高能见度。
- **倒车影像：** 在倒车或低速行驶时用于识别物体、车辆或行人。

主动安全系统一般不会对救援行动产生任何影响，因此，在车辆救援训练和预先计划中很少提及。消防救援人员更关注的是那些在近 20 年里已经在车辆中普遍使用的被动安全系统，特别是在考虑救援现场安全时。

特斯拉自动转向

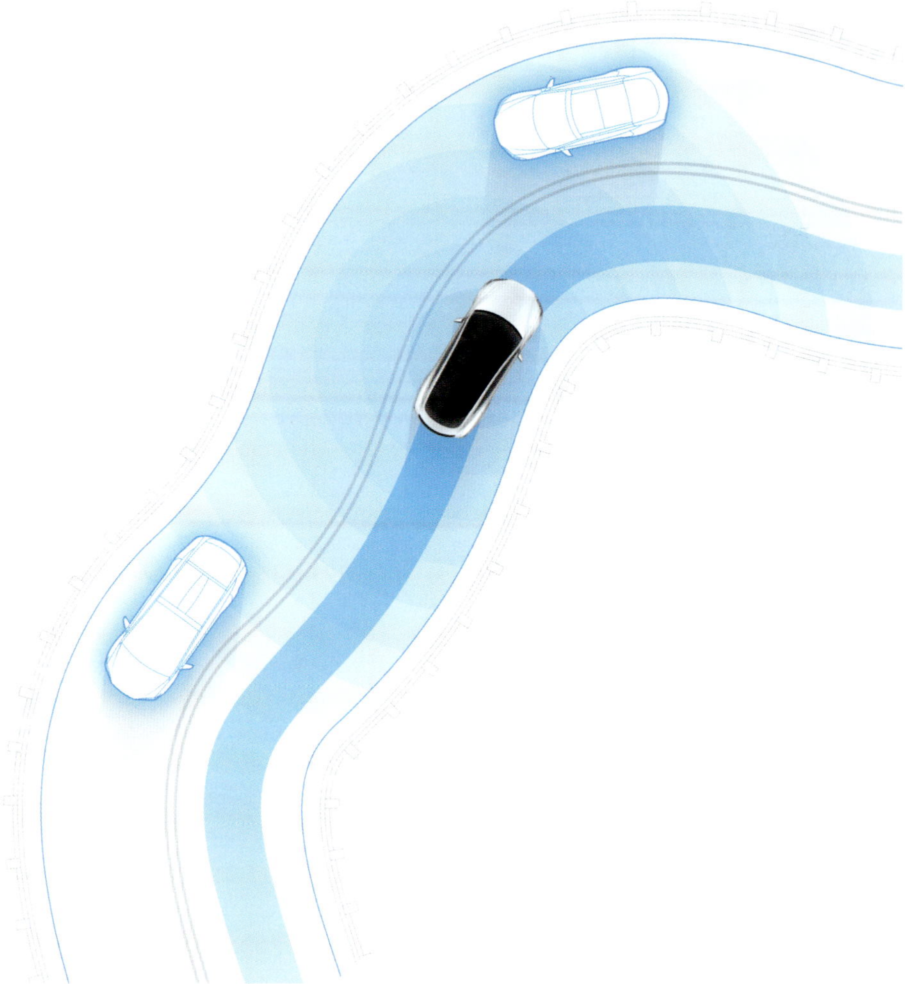

被动安全系统（辅助保护系统）

被动安全系统（也称“辅助保护系统”）可以描述为在发生碰撞或异常情况时对车内乘客、被撞车辆或行人起保护作用的车辆安全系统。撞击缓冲区和乘客舱安全围板都属于被动安全系统，通常我们认为这些系统更为复杂。

大多数被动安全系统都是由车载电脑控制的，但一些老旧的系统采用的是机械式控制（如早期沃尔沃的侧面碰撞系统）。近年来，车辆安装的被动安全系统越来越多，即使是最普通的车辆（就规格而言）也有多个系统。

毫无疑问，被动安全系统挽救了成千上万人的生命，它们也是救援领域关注的一个主要话题，因为如果在撞击初期被动安全系统没有被触发，便会带来一定的潜在风险。这里主要指的是安全气囊问题。

我们在救援过程中发现，被动安全系统被激活的记录数量非常少，而且这些记录对救援几乎没有任何意义。但这并不是说不存在潜在风险，我们还应该继续保持辩证的态度。近 50 年来仅有一起报告的相关事件（1994 年发生于美国俄亥俄州代顿的事故），这表明不必对这个问题展开过多讨论。

我目睹过因对被动安全系统潜在风险的误解而影响救援伤者的事件，这种情况本不应该发生。只要采取简单的预防措施，比如断开电源以及限制救援人员暴露在危险区域内，便可确保消防救援人员的安全，并继续进行救援工作。

多年来，我曾与主要汽车制造商的被动安全工程师密切合作，他们证实了我的怀疑：安全气囊的“安全工作距离”，即所谓的“13 cm、25 cm、38 cm、50 cm 规则”（简称《规则》），已过时且不切实际。

《规则》指出，在救援过程中，要与以下未弹出的安全气囊保持相应的距离

- 侧气囊——13 cm。
- 驾驶员安全气囊——25 cm。
- 侧帘式安全气囊——38 cm。
- 乘客安全气囊——50 cm。

如果严格地按《规则》执行，很快就会发现，如果某个位置有多个安全系统未启动，那么根本不可能到达这个位置对伤者进行治疗。消防救援人员应该采取简单的措施限制暴露于危险之中，并在可能的情况下使用安全气囊约束装置（如安全气囊保护罩等被动安全保护措施）。

安全气囊

所有新车（一些高性能跑车除外）都装有安全气囊，自 20 世纪 90 年代中期以来，安全气囊已成为大多数车型的标准安全装置。安全气囊于 20 世纪 70 年代初在美国问世，但早期设计存在缺陷，很快就退出市场，到 20 世纪 80 年代初又被重新推出，并迅速在世界上大多数国家和地区普及。某些国家和地区推迟了安全气囊的引进，但是如今安全气囊几乎已成为全部汽车的标配。

在发生侧面碰撞时，安全气囊与安全带共同发挥作用，为乘客与车辆结构，如方向盘、仪表盘和B柱之间提供缓冲空间，从而大大减少事故对乘客造成的伤害。

无论是通过化学反应还是通过使用带有压力的气体发生器，安全气囊都可以非常快速地弹出，确保在撞击后几毫秒内便可形成一个缓冲空间。

现在，安全气囊也可以安装在车辆外部来保护行人安全。这种安全气囊与快速展开发动机罩系统（RDBS）配合使用，可以减少对被撞人员的伤害。

安全气囊的工作原理

现代汽车装配多种碰撞传感器，它们可以检测到撞击，并在碰撞发生时立即将此数据发送到电子控制单元。发送的信息数据包括速度、撞击角度和严重程度。汽车内部的附加传感器（安全带扣传感器、座椅重量和位置传感器）还可以检测到乘客人数及其位置。然后，电子控制单元会计算出需要弹出哪些安全气囊，以及弹出的程度（根据乘客的体重和位置，安全气囊可以“分阶段”弹出）。计算完成后，所需的安全气囊立即弹出，也就是说碰撞后某些安全气囊仍然处于未弹出状态。

许多新车配有 6~10 个（甚至更多）安全气囊，未来安全气囊的配备数量还会上升。这样将导致在救援过程中，消防救援人员暴露在更多未弹出的安全气囊造成的潜在风险中。

如前所述，未弹出的安全气囊会给救援现场造成一定的危险，但如果采用了系统的方法，将会大大降低风险。

关键考虑因素

- **确定哪些安全气囊未弹出，并告知现场所有人员。**
- **断开 12 V 车辆用蓄电池。**
- **安装方向盘安全气囊保护罩**（如果驾驶员安全气囊未弹出）。
- **限制人员靠近未弹出的安全气囊周围区域。**
- **切勿在未弹出的安全气囊与伤者之间放置任何设备。**
- **不要让未弹出的安全气囊影响对伤者的救护。**
- **如果未拆除内饰材料，切勿剪切车辆结构。**拆除内饰材料后才能确认气体发生器等安全气囊部件的位置。

尽管在救援过程中安全气囊会带来一定的危险，但按照上面的步骤操作，可以大大降低救援操作期间的风险。

二级气囊

二级气囊分两个预先确定的阶段展开，其充气程度取决于车辆传感器发送的信息，包括乘员的身高、车辆的速度、乘客的位置、乘客是否使用安全带及碰撞的严重程度。这些信息决定着气囊弹出的级别。一般认为，如果单级气囊已弹出，那么剩余气囊可能会在救援操作期间弹出，但事实并非如此。因为二级气囊的弹出是由最初的激活信息自动触发的，在几毫秒（对于大多数的现代汽车）或 12~16 s（对于老式的汽车）内可能发生任何事情。二级气囊要么通过一级气囊激发后的余热弹出，要么在初始碰撞时就已经弹出。

气囊位置

通常每辆车（容易辨别的旧车型除外）至少配有 6 个安全气囊

▪ **两个正面安全气囊**（驾驶员和乘客）：位于方向盘和仪表盘内。在雪铁龙 C4 Cactus 车型中，乘客安全气囊位于乘客上方的车顶板内。

▪ **两个侧气囊**：位于座椅或车门内（如某些老式的敞篷车）。

▪ **两个侧帘式气囊**：位于覆盖前排和后排座椅的车顶板内。

其他气囊

▪ **膝部气囊：位于驾驶员和乘客前方。**膝部气囊提供“腿部侵入保护”。

▪ **侧面碰撞安全气囊：安装在前排两个座椅之间，**在发生侧面碰撞时为前排两位乘客提供保护。

▪ **安全带安全气囊：**防止在快速减速过程中因安全带受到钝力而造成的损伤。

▪ **后向安全气囊：**安装在某些超小型轿车和城市轿车中，由于没有撞击缓冲区，所以由后向安全气囊提供一些保护。

▪ **骨盆气囊：**位于前排座椅的下方，在发生侧面碰撞时保护骨盆。

▪ **行人安全气囊：**在发生碰撞时，防止行人撞击雨刮器、A 柱等硬质部件。

安全气囊部件的识别

在对车辆进行剪切之前，必须拆除车辆的内饰材料，以便找出安全气囊。在涉及 A 柱、B 柱和 C 柱的情况下，必须找到气体发生器，气体发生器属于高压装置，不得进行剪切。

关于伤者的考虑因素

当车辆发生碰撞且有一个或多个安全气囊已弹出时，需考虑以下事项

- **气囊发热，**乘客可能遭受接触性烫伤。
- **气囊弹出速度过快，乘客可能遭受擦伤。**
- **多个气囊产生的噪声可能**造成乘员暂时性耳聋。
- **气囊弹出后，会有明显的“冒烟”现象。**这是因为安全气囊模块中含有一种精细粉末，这种粉末是为了使部件保持良好的状态，并减少弹出时的摩擦。

安全带预收紧装置

安全带预收紧装置由碰撞传感器激活，用来收紧安全带松弛的部分，从而在碰撞期间将乘客固定在座椅中。安全带预收紧装置由预紧点火信号激活，安装在安全带卡扣附近和靠近 B 柱的惯性卷筒处。

在碰撞后期，安全带内置的 G 力负载限制器会放出一小部分的安全带织带。这样既可以保持乘客位置不变，也可以减少安全带对胸部造成的伤害。这种负载限制器犹如织带中的缝合环一样方便，当达到预定负载时会失效。位于卷收器装置中的扭力杆发生弯曲（在施加预定负载时再次弯曲），这样乘客可以向前移动一点儿距离。

关键考虑因素

- **识别这些安全系统，并通知**现场所有人员。
- **尽快断开 12 V 电池。**
- 切割操作期间**避开被动安全系统。**
- **在确保安全的前提下，务必从乘客身上解开安全带**（确保执行这一操作不会影响警方的事故调查）。
- **安全带预收紧装置可能位于**汽车两侧的不同位置上。

翻车保护系统

敞篷车需要为乘员配备翻车保护系统。此外，这种车型的挡风玻璃周围的结构具有更高的强度，在发生翻车时，也可以为乘客提供保护。敞篷车比结构式车顶的车辆要坚固得多。

翻车保护系统属于一种被动安全系统，安装在后排座椅的后面。当车内的传感器检测到存在潜在侧翻危险时，该系统可以在几毫秒内被激活。该系统可以增加离地间隙，在发生翻车时为乘客提供更多保护。

关键考虑因素

- **识别这些安全系统，并通知**现场所有人员。
- **尽快断开 12 V 电池。**
- **有些车型可能具有操控开关，**用来隔离这些安全系统。
- **在还未发生翻车且翻车保护系统未被激活的敞篷车内实施救援时，**救援人员要考虑他们的工作位置。
- **切勿将设备放置在**未被激活的翻车保护系统周围区域。

切记，尽管翻车保护系统存在一定的危险，但按照上面的步骤操作，可以进一步降低救援操作期间面临的激活风险。

被动安全系统——救援现场中的风险

我通过与来自世界各地的救援人员合作后发现，被动安全系统问题，特别是现场未弹出的安全气囊，仍是人们关注较多的话题之一，并且该话题的热度一直居高不下，总是第一个被问到。

每当与医护人员合作时，我总是特意问他们：“道路交通事故现场的主要危险有哪些？”答案总是“安全气囊”。

通常，医护人员在与消防救援团队的共同训练中获得有关安全气囊的知识。安全气囊已经成为他们最关心的问题，虽然我承认未弹出的安全气囊会给现场带来一定的风险，但真的有必要将安全气囊问题升级为所有机构关注的主要问题吗？特别是从统计学的角度考虑时，救援现场有更多的内在危险。

我认为，所有的风险都应该放在救援现场进行综合考虑，根据许多国家目前公布的数据来看，未弹出的安全气囊造成的急救人员伤亡事件几乎为零。此外数据还统计了因交通问题、在不平坦的地面上摔倒、心脏骤停，甚至是滥用设备而造成的伤亡事故。但在过去的 20 年甚至更长的时间里，安全气囊的问题却受到了人们越来越多的关注，并且似乎在救援现场处置方面占据了主导地位。

我认为，对此问题的关注程度并不是由数据造成的。在安全气囊问世近 50 年的情况下，我们要反思一下以下问题。

- **有多少次救援是涉及配有安全气囊的车辆？**
- **有多少人在救援过程中因安全气囊弹出而受伤或死亡？**

近 10 年来人们的经验越来越丰富，车也变得越来越智能。消防救援人员能够识别风险，并采取相应的行动，但根据我的经验，他们的技术在很大程度上仍然处于落后状态。

我认为，对未弹出的安全气囊所带来的风险的认识影响了消防救援人员救护伤者的能力。现在仍在广泛应用的“13 cm、25 cm、38 cm、50 cm 规则”（不同安全气囊的安全距离），至少已经过时 10 年了。

这并不是说我们应该无视未弹出的安全气囊所带来的风险。我想说的是，我们应该将风险置于实际情境中考虑，并确保在团队内部或与他人讨论未被激活的被动安全系统的问题时，以一种有分寸的方式进行讨论，而不是危言耸听。

12 V 电池系统（内燃机汽车）

内燃机汽车（ICE）使用 12 V 电池系统，该系统提供启动发动机和运行车载电力系统所需的动力。重要的是，关闭车辆电力系统必须断开电池。

断开 12 V 电池系统降低了救援过程中气囊弹出所带来的风险。车辆电力系统被断开之后，消防救援人员才能进入车内创造救援空间。

车内电力系统包括以下几种。

- **电动车窗。**
- **车门、行李箱（后备厢）和发动机舱盖**（发动机罩）的电动锁紧机构。
- **电动座椅。**
- **电动可调节式方向盘。**

断电方法：在一般情况下，断开 12 V 电池系统时先拆下负极，再拆下正极，并用物体遮盖电池的两极，将其放好，以防两极意外重新连接。拆卸比切断负极电缆更可取，但如果无法拆卸，可剪断或剪切掉一段负极电缆。

12 V 电池系统断开后，车内的电容器可能会仍有残留电量。电量保留的时间因汽车品牌而异。12 V 电池不都在发动机舱内，也可能会在汽车的其他位置。

12 V 电池系统的位置包括：

- **轮拱；**
- **行李箱（后备厢）内；**
- **后排座椅下。**

电池所在位置会增加定位和断电的难度，在某些情况下由于车辆的方位问题，更是无法进行定位和断电。某些汽车制造商建议拆除保险丝，但拆除过程耗时费力。

如果无法断开 12 V 电池系统，救援指挥者必须提醒所有人员勿靠近存在危险的区域。

汽车电气化

20 世纪 90 年代末，世界上第一款混合动力汽车问世（丰田普锐斯，1997 年），10 多年后纯电动汽车诞生，例如 2010 年首次生产的日产聆风。

汽车电气化是世界各地消防救援人员关注的另一个新领域，因此，了解汽车电气化相关信息很有必要。我曾多次在培训课程中重点讨论车辆结构、被动安全系统以及汽车电气化问题。互联网上也充满各类警告性的字眼，指出救援人员在处理涉及这类车辆事故时，极可能会暴露在高电压环境下。

同样，我们必须将这些风险置于真实的情境中来考虑。在汽车安装高压系统的 20 多年来，并没有消防救援人员因接触高压系统而受伤的报告，即零事故。

世界各地可能有成千上万的救援工作涉及混合动力汽车和电动汽车，而人们对这类车辆的认识和理解差异很大。根据我在世界许多地方授课的经验，我认为，就像人们对车辆结构和被动安全系统所表现出的关注一样，主要因为消防救援人员对这些系统不够了解，所以往往在风险方面断章取义。另外，消防救援人员反倒在进入发生火灾的建筑物或空间时触电的概率（统计数据）要大得多，对全球消防人员受伤情况进行详细调查可以进一步证明这一点。全球有很多消防救援人员触电身亡的报告，但没有一个是涉及混合动力汽车或电动汽车的。

需要明确的是，这些高电压系统确实存在一定的危险，所以我们必须充分了解相关风险，如果涉及混合动力汽车或电动汽车，还必须具备处理现场所有危险的能力。此外，还必须了解安装在这些系统上固有的故障保护装置，以确保在救援人员到达现场之前，高电压系统的大部分风险已得到控制。

为使消防救援人员更有信心处理涉及混合动力汽车和电动汽车的事故，应该做到以下几点。

- 了解车辆技术。
- 了解已有的安全系统。
- 在考虑从未有救援人员发生高压事故的基础上，根据具体情境判断风险。

混合动力汽车

2019年在欧盟地区，混合动力汽车的销量较前一年增长了49.2%（信息来源：AECA）。世界其他国家和地区也报告了类似的增长率。这意味着，救援人员在日常的交通事故处理中会经常遇到这类汽车。熟悉这类汽车的设计、结构并随时获取车辆数据是至关重要的。

混合动力汽车的一个简单定义是使用两种不同动力源的汽车，一种是以燃料（汽油或柴油）为动力的内燃机，另一种是电动机。救援人员应该知道，这种技术不仅用在轿车上，而且也用在商业和公共交通工具上。混合动力汽车包含高电压（HV）部件，高电压部件属于救援现场的另一个危险源。额定电压可超过 650 V（直流电），因此所有救援人员必须了解如何安全地处理涉及这类汽车的事故。

在最初现场 360 度全方位评估过程中，确定车辆的动力系统是非常重要的。如果确定是替代燃料汽车（非内燃机汽车），则应尽快通知整个团队以及现场的其他机构。

近年来，由于无法获得汽油（柴油）、混合动力和全电动的所有车型，所以增加了识别替代燃料汽车（如混合动力汽车）的难度。因此，在无法证明汽车采用何种动力传动系统之前，先将其视为高压动力系统。

混合动力汽车有以下几种类型。

- **完全混合动力汽车：**使用燃料、电源或两者的结合，例如丰田普锐斯。在完全混合动力汽车中，电池通过内燃机的运行进行充电。
- **轻度混合动力汽车：**共同使用内燃机和电动机（并联），不能单独使用电源。
- **插电式混合动力汽车：**需要使用电源来给电池充电。

以日产的 Rogue 混合动力汽车为例，典型的混合动力汽车的部件如下。

部件	说明
高压线缆	橙色的电力电缆在各个高压部件之间传输较高的直流电压
牵引电机逆变器	将储存在高压电池中的直流电转换成三相交流电（AC），并通过调节电机电流来控制电机扭矩（转速）；逆变器内置高压电容器
牵引电机	将三相交流电功率转换为驱动功率（扭矩），以驱动车辆移动
12 V电池	铅酸电池用来向低压设备供电
DC/DC转换器	DC/DC转换器用来降低高压电池的电压，为12 V电池提供电力，以便使用汽车的电气部件（如照明灯、音响系统）
高压蓄电池	高压蓄电池存储并输出驱动汽车移动所需的直流电源
维修插头（紧急维修开关）	用来禁用高压系统

及早识别高压部件，确保安全实施救援

电动汽车

电动汽车的动力传动系统完全依靠电力。高压电池通过高压电缆与驱动电机（位于前部或后部，如果是四驱汽车，则前后部均有）连接，高压电缆的电压为 12 V（甚至更高），为汽车辅助保护系统（如安全气囊和其他低电压设备）提供电源。

2019 年，欧盟地区的电动汽车注册量比前一年增加了 53.5%（资料来源：ACEA）。毫无疑问，电动化是未来的汽车发展趋势。救援人员必须增强信心，并提高处理含高压系统汽车的能力，尽管电动汽车是一项相对较新的技术，但在未来几年中处理这类汽车的概率将成倍增长。

电动汽车的出现引起了救援人员的极大关注，尽管统计数据显示，电动汽车是安全的（没有报告高压系统造成伤害的案例），但我们必须保持警惕，深入了解高压系统及其对救援工作的影响。

以日产的 2019 款聆风为例，高压系统通常包括（因制造商和车型而异）以下几个方面。

部件	说明
充电端口	电动汽车供电设备的连接端口有两个：普通充电和快速充电（若配备）
牵引电机	将三相交流电源转换为驱动功率（扭矩）
逆变器	驱动汽车行进，将高压电池中存储的直流电转换为三相交流电源，并通过调节电机电流控制电机扭矩（转速）
电动空调压缩机	空调压缩机
功率输出模块（PDM）	包括车载充电器、DC/DC转换器和高压接线盒（J/B）

续表

部件	说明
车载充电器	车载充电器将单相交流电转换为直流电，并升高电压以便为高压电池充电
DC/DC转换器	DC/DC转换器用来降低高压电池的电压，为12 V电池供电，以便使用汽车的电气部件（如照明灯、音响系统等）
高压接线盒（J/B）	高压接线盒将高电压电池的电力供给汽车的高压部件
12 V电池	铅酸电池为低压设备供电
高压电缆	橙色的电力电缆在各个高压部件之间传输高压电流
驾驶室加热器	驾驶室加热器的电热源，用于为车辆内部加热
高压电池	储存并输出驱动汽车行进所需的直流电（最大电压420 V）
高压电池紧急断电开关	将蓄电池与其余高压电气系统隔离开来
制动系统备用电源	制动系统的备用电源，如果12 V电池发生故障，备用电源将为制动系统供电

此外，还必须了解电动汽车在构造和已有系统方面的安全性，这些系统专门用于在事故发生时隔离高压系统。电动汽车通常在新车评估项目中的得分都很高，几乎没有负面评价。

采用通用的车辆救援方法并利用汽车制造商提供的车辆应急指南是处理使用替代燃料车辆的最佳方法。

电动汽车起火

严格地讲，汽车起火并不在本书的讨论范围内，但值得一提的是，在过去的两年里，电动汽车起火是全球消防人员讨论的热点话题之一。

同样，必须把这个问题置于实际情境中讨论。从统计数据来看，内燃机汽车比电动汽车更容易发生火灾，而媒体却总是报道电动汽车起火事件，这自然提高了人们的防范意识，引起了过度关注。

几十年来，世界各地的消防救援部门经常处理汽车起火事件，已形成了一套安全有效的处理方法。

电动汽车起火在干预方面有非常严格的要求。不允许直接对过热（热失控）的密封电池喷水（尽管一些汽车制造商对电池进行了消防设计），所以灭火需要耗费大量的时间、资源和水。

网上有关于这类事件的多种不同处理方法，包括长时间的外部冷却和全车浸泡等。

高压电池

自从 20 世纪 90 年代末在汽车上引入高压系统以来，制造商的高压电池技术突飞猛进，不断改良。但路面上仍有很多老式汽车（采用“老旧”技术的汽车），所以救援人员必须了解救援过程中可能遇到的各种情况。

在成本和性能需求的推动下，混合动力汽车和近几年兴起的纯电动汽车的高压电池技术有了很大的进步。第一批使用高压系统的汽车采用的是镍氢电池。自 2000 年以来，锂离子电池得到了更广泛的应用。特斯拉声称，他们的“Roadster”车型是世界上第一款使用锂离子电池技术的合法公路用电动汽车。

这并不是说锂离子电池已经取代了镍氢电池。事实上，这两种技术如今仍在量产车中使用。据报道，像丰田这样的公司可以用这两种技术中的任何一种制造相同的车型（例如 2019 款的普锐斯）。由于技术之间的不同性质（如重量），丰田在其高端车型中使用锂离子电池。如果使用较轻的电池单元，则可以将省下来的重量用于实现其他功能，在不改变汽车总重量的同时，也不会影响汽车的可行驶里程。

虽然这两种技术的生产成本都很高，但在过去 5 年中，成本已大幅下降，预计在 2~3 年内高压系统的成本将与 12 V 电池系统的成本持平。

与镍氢电池相比，锂离子电池具有免维护、能量密度高、无记忆效应、自放电率低等优点，所以更适用于汽车。话虽如此，但救援人员也可能会同时遇到需要这两种技术的情况。

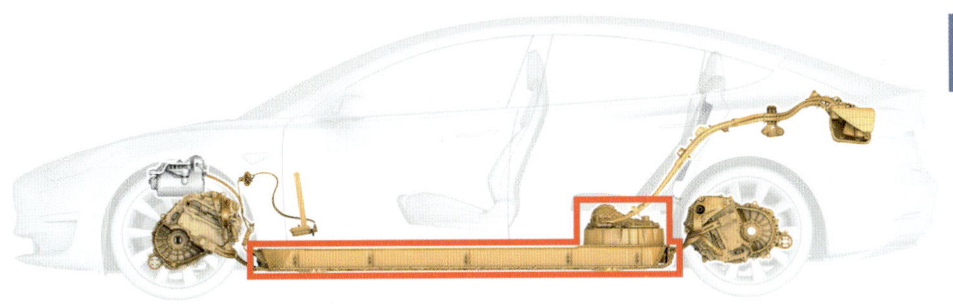

高电压电池位置
——特斯拉 Model 3

镍氢电池

镍氢电池一般密封在金属外壳内，与高压系统隔离。它们可以位于汽车的任何位置，但通常位于汽车后部（行李箱）或后排座椅的下方。它们由多个不同电压等级的“模块”组成（例如，2010 款普锐斯有 28 个串联的低压电池模块，可以产生大约 201.6 V 电压）。各个模块都不相通，分别被密封在箱子内。

模块内部含有一种被称为“电解液”（一种导电溶液）的物质，在电池受损的交通事故中，电解液通常不会泄漏。我们经常有一种误解，认为高电压电池含有大量电解液，可能造成泄漏危险，但事实并非如此，电解液会被吸入电池极板内。电解液本身是钾和氢氧化钠的混合物，属于一种碱性溶液。

锂离子电池

锂离子电池在笔记本电脑和智能手机中已经使用了多年，具有很高的能量密度。在应用于汽车时，锂离子电池被密封在金属壳内，并且大部分都位于汽车（电动汽车）的底盘内，通常由构成完整系统的单元和模块组成。以 2018 款日产聆风为例，电池由 24 个模块组成，每个模块含 8 个单元，共计 192 个单元。

高压电池所使用的电池类型和化学成分因制造商而异，因此，这些系统产生的热量也各不相同。电池的工作原理为电压差，当温度升高时，电池两侧的电压差减小，所以需要进行冷却。

制造商为此制定了不同的解决方案，以便必要时对电池组进行冷却。这些电气系统问题目前引起了救援界的关注，但是，电动汽车配有智能监控系统，在检测到温度异常上升时，可以隔离高压系统。

热稳定性会影响电池的性能和寿命，甚至会导致热失控（电池系统的产热比散热更快）、起火或爆炸。

需要强调的是，我们要将这些报告的问题置于真实情境中考虑，因为研究表明，与使用高压电池系统的汽车相比，内燃机汽车的火灾要多得多。只是因为使用高压电池系统汽车的起火事故和其他事故被报道得多，而内燃机汽车起火事故被报道得少。

固态电池

据估计，到2025年“固态电池技术”会作为“终极电池解决方案”而广泛使用。据悉固态电池更小、更轻、更便宜，并能提供更多的电能。这仍有待观察，但可以肯定的是，汽车的动力传动系统将不断快速地向前发展。

在过去的20年里，电气化一直是救援界关注的主要话题之一，对其如此关注是因为我们缺乏了解，缺少与制造商密切合作的机会。

如果我们对这些系统进行不断深入的了解，不仅能够提高对电气化的认识和掌握程度，还会增强我们的信心。高压系统无疑会带来风险，但在汽车使用高压系统后的前20年，并没有报告过由高压系统所造成的伤害事件。我们应该继续保持安全操作，并提高认识。

最后，不论涉及哪种技术，切记一定要参考汽车紧急响应指南。

混合动力汽车和电动汽车的安全性

制造商制定了混合动力汽车和电动汽车的汽车紧急响应指南，建议所有救援人员都要了解这些指南。虽然如此，但完全记住各种车型的结构和熟悉安全手册是不可能的。

在快速查阅汽车紧急响应指南后我发现，针对这些车辆的救援方法非常相似，尽管不同制造商和型号需要特别考虑。

- 判断车辆类型。
- 关闭发动机。
- 将挡位切换为“P”挡 / 放置垫块或楔块。
- 激活驻车制动器（拉手刹）。
- 将智能钥匙拿到距离车辆 6 m 以外。
- 断开 12 V 电池系统。
- 拆卸保险丝（详见汽车紧急响应指南）。
- 断开高压系统（详见汽车紧急响应指南）。

汽车发生事故后，在证实车已断电之前，应始终假设混合动力汽车和电动汽车处于通电状态，因为在事故发生后，可能只是暂时中断了中、高压系统。

当车辆检测到事故时，会自动打开惯性继电器，立即使电气系统失效。当传感器检测到泄漏或短路、电池内温度升高时，也会关闭所有高压系统。

线缆作为电气系统的一部分，通常距离救援破拆区域较远（有时也有例外情况，某些制造商将电缆放在了显眼位置上），线路具有不同颜色，易于识别，且配有良好的保护措施。

制造商制定的汽车紧急响应指南中清楚地显示了“剪切区域”。

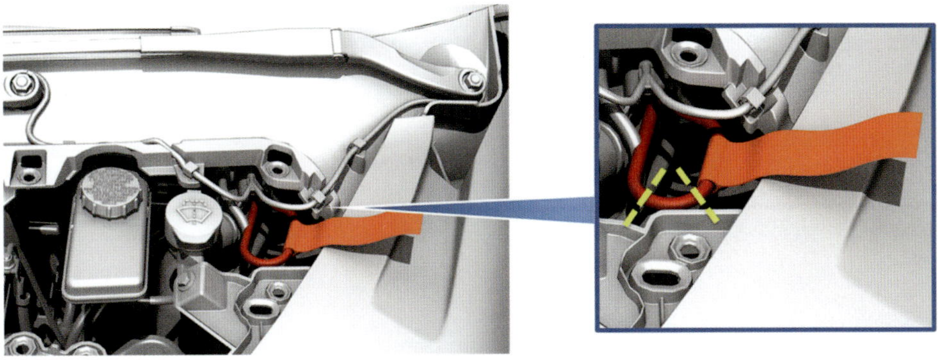

消防救援人员双侧剪断紧急响应回路——特斯拉 Model 3

电缆标识

在行业标准中，橙色线缆表示高压，而在汽车行业，表示 60 V 的直流电。中、低压电缆颜色没有固定的标准，取决于各个制造商，可以按照下述说明进行识别。

- **蓝色电缆**：一般用于低压或中压（36~42 V 直流）系统，如轻度混合动力汽车。
- **黄色电缆**：在某些制造商系统中用于中压（如 42 V 直流）系统。

救援人员应尽可能按汽车紧急响应指南的规定执行，并始终将剪切、扩张和撑顶的区域充分显露出来。

高压布线系统——特斯拉 Model 3

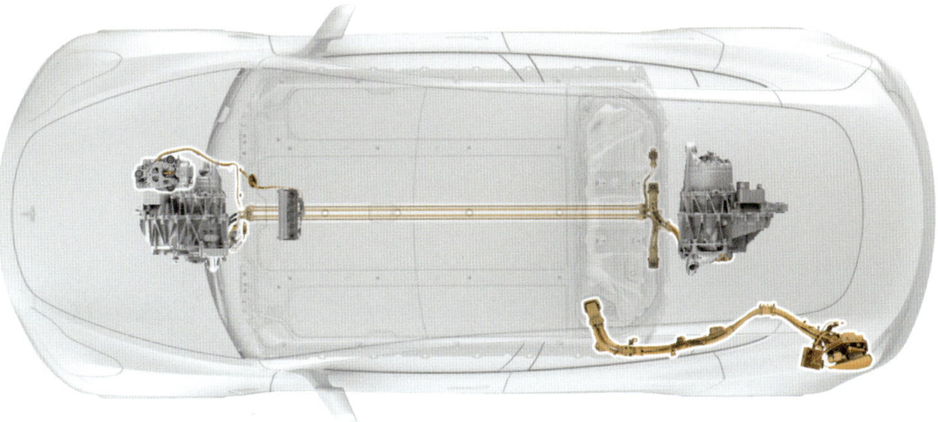

高压放电次数

制造商建议，在隔离高压系统后，在救援（破拆）之前须等待一段时间。等待时间因车型而异，如日产聆风规定为 10 min。但是，如果为了救援伤者而必须进行破拆，则务必格外小心，不要损害任何高压部件。此时一定要参考汽车紧急响应指南。

车辆落水

汽车紧急响应指南表明，电动汽车或混合动力汽车落水，不会产生触电危险。制造商建议，将车从水面拖出，并执行常规的高 / 低压关断程序。注意，不能轻易对水中车辆的受损程度进行评估。因此，现场指挥者应在指派消防救援操作人员之前，进行充分的风险评估。

与其他涉水车辆的事故一样，确保所有将要下水的救援人员都必须接受过全面的培训，并始终穿戴正确的个人防护装备。此外，任何救援方法都不得损害伤者，同时要考虑到伤者暴露在冷水或污水中的情况。

车体剪切

虽然大多数创造救援空间的方法都不会对高压部件造成影响，但必须谨记以下事项。

- **切勿剪切高压相关区域。**
- **切勿剪切高压电池。**
- **在拆卸零件时，切勿触摸高压零件或外露的橙色高压电缆内部结构。**
- **触摸高压部件或在高压部件上工作时，必须始终穿戴适当的个人防护装备。**

被动安全系统

电动汽车和混合动力汽车的被动安全系统与内燃机汽车相同，因此采用相同的方法确保操作安全。

关键考虑因素

- **确定哪些被动安全系统未弹出**并告知现场所有人员。
- **断开 12 V 电池系统。**
- **装上安全气囊保护罩**（如果驾驶员安全气囊未弹出）。
- **限制人员靠近未弹出的安全气囊周围区域。**
- **切勿在未弹出的安全气囊与伤者之间放置任何设备。**
- **不要让未弹出的安全气囊**影响对伤者的救护。
- **如果没有拆除车辆内饰材料，切勿剪切车辆结构。**因为拆除车辆内饰材料后就可以识别气体发生器等安全气囊部件。

尽管安全气囊存在一定的危险，但按照上面的步骤操作，可以进一步降低救援操作期间气囊弹出带来的风险。

氢燃料汽车

目前仅有 3 种商用氢动力汽车。据悉，一些汽车制造商打算进军这一市场，商用车公司也公布了制造氢燃料电池的细节。尽管这类汽车数量很少，目前进行这类车辆救援的概率很小，但救援人员应对其有所了解。

救援人员应该记住，氢燃料电池产生电能驱动汽车行进，该电池是一个高压系统。这类车辆也配有常见的被动安全系统，必须对其进行识别和管理。

这类车辆的续航里程很长（现代 Nexo 的续航里程超过 643 km），排放的只有水，且燃料重新加注的时间与内燃机汽车相同，但它们的生产成本和持有成本非常高。因此，多数加油站无法给这类车辆补充燃料。

人们对这类车辆的安全也表示担忧，主要担忧氢气供给的基础设施，而不是车辆本身。曾有过加油站因氢气挥发发生事故的报道。

就氢动力汽车而言，该行业仍处于起步阶段，虽然许多主要制造商声称拥有氢动力汽车项目，但还没有真正进入大众市场。

一般安全注意事项

消防救援人员应该了解氢的性质

- 无毒。
- 无色。
- 无臭。
- 无味。
- 比空气轻（大约是空气的 1/14）。
- 高度易燃，点燃氢所需的能量大约是汽油的 1/10。

氢的密度很小，所以泄漏时会迅速扩散。

与救援其他车辆一样，现场指挥者必须在最初的 360 度全方位评估过程中，对车内的动力传动系统类型进行评估，然后向团队传达评估结果。

丰田 Mirai 的氢燃料电池组可加压到 690 MPa，其制造商称，该电池组由弹道级结构的碳纤维制成。

除此之外，氢动力汽车还采用了相同的进口钢材，这种钢材可以为乘客和车辆重点部件（包括氢燃料电池）提供相同的保护。汽车还配有保护装置，如果检测到泄漏或其他损坏（如在发生事故时），可以切断氢能源的供应。

与所有其他替代燃料汽车一样，可在线获取汽车紧急响应指南。处理这类车辆的方法也有相似之处。

- **判断车辆类型。**
- **关闭发动机。**
- **将智能钥匙拿到距离车辆 5 m 以外。**
- **断开 12 电池系统。**
- **切断紧急响应回路。**

本田 Clarity FCV 也有指定的“剪切点”，在剪切点处进行剪切时需要关闭高压系统。

新车碰撞测试

世界上有一些测试机构负责对新车的安全性进行定期评估。这些组织位于比利时、澳大利亚、美国、马来西亚、中国、韩国、日本、印度以及南美洲的一些国家。它们匿名购买汽车（同一车型一般不超过四辆），然后进行各种测试。

测试机构告知汽车制造商它们的测试目的，并允许制造商提供最新规格的车型（如有任何更改或升级）。或者，汽车制造商有偿委托测试机构对其生产的汽车进行测试。

人们可以在网上免费获取新车碰撞测试的视频和结果，这些视频和结果充分表明在采用更智能的设计，使用更坚固、更轻的材料后，汽车的安全性提高了。将最新的视频和结果与10年或15年前的视频和结果相比，这一点就更加明显了。

对车辆结构的影响

实践证明，新车碰撞测试具有商业价值，汽车制造商在关键领域对车辆结构进行了大幅改进，确保了汽车的良好性能。历史数据表明，性能不佳的车辆往往销量都不佳，在某些情况下，会因安全性而停产。

制造商通过以下方式对车辆结构进行了改良

- **智能设计**，例如特意设计出更大的撞击缓冲区，用于吸收和分散乘客周围的能量。
- **更多地使用超高强度钢**（UHSS），例如在需要的区域更多地使用此材料。这项技术使汽车更坚固、更轻便、更经济。

碰撞测试主要包括以下方面

- **正面碰撞测试。**

测试车速为 64 km/h，40% 偏置碰撞①，经测试，可以提高车头区域的强度，改善撞击缓冲区，并增强仪表盘和 A 柱的强度。此外，还可以促进驾驶员和乘客安全气囊、膝部安全气囊、安全带预收紧装置和安全带安全气囊的改善。

- **侧面碰撞测试。**

测试车速为 50 km/h，经测试，可以增加侧面碰撞保护，提高 B 柱的强度和宽度。此外，还可以促进侧气囊、侧帘式安全气囊、骨盆安全气囊、座椅式驾驶员安全气囊和乘客安全气囊的改善。

- **侧面柱碰撞测试。**

测试车速为 29 km/h，经测试，可以增强侧面碰撞保护，提高 B 柱的强度和宽度以及车顶纵梁的硬度和强度。此外，还可以促进侧气囊、侧帘式安全气囊、骨盆安全气囊、座椅式驾驶员安全气囊和乘客安全气囊的改善。

- **附加测试。**

世界其他国家和地区还开展了附加测试，例如美国公路安全保险协会进行的乘客侧小范围偏置碰撞测试，有助于汽车制造商改善车辆两侧的性能。

美国公路安全保险协会还进行车顶强度测试，测试车辆在翻车事故中的性能。在测试中，车顶从一侧以缓慢且恒定的速度向下推，然后确定车顶的强度。强度重量比至少达到 4，才可以判定为良好。也就是说，当车顶承受至少 4 倍于车重的力时，车顶才会被压扁 12.5 cm。

欲了解碰撞测试的更多信息，请访问全球新车碰撞测试网站 www.globalncap.org

① 美国公路安全保险协会于 2012 年推出了主驾驶侧小范围偏置碰撞测试，碰撞面积从车辆宽度的 40% 减小到 25%。

PACIFIC
KAS

消防救援人员的医疗注意事项

198　医疗注意事项
199　黄金一小时
200　运动学和受伤机理
205　临床技能——最低要求

医疗注意事项

不同国家和地区的消防救援人员对车辆救援技术具有普遍统一的理解，但对外伤以及如何处理的认识和理解却有很大差异。

有些消防救援人员很少或根本没有受过培训，往往只能在现场执行非常基础的急救工作，几乎是在等待医疗机构到达。有些则受过较高水平的培训，并熟悉相关设备，因此可以在需要时提供进一步的医疗护理。技术、能力、信心以及使用何种设备除了取决于具体的事故外，还取决于预期达到的医疗目标。有些消防救援机构的救援团队中拥有合格的医疗护理人员，而有些消防救援机构在医疗护理方面起不到任何作用。

因为在这方面世界各地的情况各不相同，所以增加了编写本章的难度。因此，实现绝对统一是不切实际的。原因在于，很多救援过程依赖于在初始评估中收集到的详细可靠的医疗信息，必须对这些信息以及二次评估的结果进行不断更新，并向现场指挥者汇报，以便必要时制订和变更救援计划。

每位消防救援人员都应掌握相关技能和知识，并熟悉设备的使用方法，确保从到达现场的那一刻起，就有信心救援伤者。我是根据自身的经验得出这样的观点，因为在我的职业生涯早期，我根本没有能力去治疗在救援现场看到的伤者，并常常感到无能为力。在我救援生涯的最后 10 年，我接受了培训，学习了如何使用设备，这使我有信心在医疗护理方面提供一定的帮助。培训并未耗费很长时间，几天内即可完成，而且这些设备既不复杂也不昂贵。

每个人都有可能在道路上遇到重伤者，所以有必要学习救护伤者所需的基本技能。当然，这种培训和必要的设备必须由所在的救援机构提供，尽管自学是值得称赞的事，但也必须始终遵守当地的操作指南和程序。

我强烈建议，所有消防救援机构都要对自身的医疗响应水平进行评估，并确定消防救援人员所具备的外伤处理能力是否达到在医护人员不在场的情况下采取必要的干预措施的水平。此外，如果在医疗救援团队到达之前，无法确定伤者情况，哪怕是最基本的医疗信息，也会延迟救援计划的制订和实施，从而会延长现场救援时间。

黄金一小时

在谈到外伤处理时，绝大多数消防救援人员都会提到“黄金一小时”。如果外伤伤者在受伤后的 60 min 内得到专业护理，后续的救治会顺利很多。

多来年，我们都对此深信不疑，从定义上讲，“黄金一小时”帮助我们确定了治疗伤者的窗口期。

“黄金一小时”由美国马里兰大学的休克创伤中心创始人考莱（R. Adams Cowley）提出。有些研究对“黄金一小时”提出了质疑，指出不能简单地将这一概念应用于所有重伤者。早在 2001 年，勒纳（Lerner）和莫斯卡蒂（Moscati）在他们的论文《黄金一小时：科学事实还是医学上的“都市传说？”》中指出：

虽然这个词最有可能起源于考莱，但它似乎并不是基于明确的研究结果。

还有一些观点认为，不仅要将伤者运送到专业的医疗机构，更重要的是，应该运送到最合适的医疗机构（例如重度创伤中心），这虽然可能延长运送时间，但通常更有益于伤者。

“黄金一小时”的“窗口”期包括从消防救援人员抵达现场到将伤者救出来所需的 20 min。根据我的经验，在这 20 min 的时间内，能够治疗的是情况相对稳定的伤者。我们不应该将 20 min 视为常规可用的时间节点，而要尽力以最安全、最迅速的方式将伤者救出来。

虽然有时情况复杂、具有挑战性，不可避免发生延误，但消防救援人员应通过培训和准备确定导致现场延误的因素，并努力消除这些因素。2.0 版团队工作法提倡多个任务同步操作，这样会节省现场救援时间。

运动学和受伤机理

运动学是研究运动的物理学科。通过应用运动学原理，我们可以很容易地确定伤员所受的力，并建立可能的受伤机理。

通过观察现场，可以获得初步信息，并确定交通事故的等级，还可以帮助救援人员判断在碰撞期间和之后可能发生的事情。虽然不了解运动学背后的原理，但当到达现场时，可能已经在应用运动学知识了。简单地讲，当看到一辆严重凹陷的汽车（如汽车与树发生侧面碰撞）时，救援人员会立即提高警惕，立即进行思考和行动，并将看到的车辆损伤和变形与车内的伤者联系起来。同时，救援人员还会确定其他方面，如挡风玻璃上的“撞击点”（乘客头部撞击）、弹出的安全气囊等。

也就是说，运动学只能起到指导作用，救援人员应该对已确定的和疑似受伤的伤者进行治疗，而不是简单地对车辆的变形做出反应。简而言之，优先治疗伤者，而非观察车损情况。

我相信很多人曾在现场看到过这种情况：一辆汽车被撞得体无完肤，结果却发现司机身上只有轻微的擦伤和划伤，甚至还站在路旁打电话。

下面这个例子中，一辆汽车以 65 km/h 的速度撞上了一棵树。

依次发生了 4 个独立的碰撞

- **汽车撞上了一个固定不动的物体，**如一棵树。
- **乘客撞击车辆结构。**
- **乘客的内脏**撞击腹壁，发生撕裂。
- **车内未固定的物体由于惯性**撞击乘客，造成进一步伤害。

了解这一系列碰撞，对于建立可能的受伤机理以及识别可能被忽视的损伤至关重要。

由计算动能的公式（$E_k=1/2\ mv^2$），我们可以看出，速度是造成创伤的主要因素。

动能（E_k）与质量（m）和速度（v）的平方成正比。

如果用公式计算一个 80 kg 的人以 18 m/s（约 65 km/h）的速度行驶时的动能，会得到以下结果：

$E_k=1/2\times80\times18^2=12.96$（kJ）

使用相同的公式，将人的体重增至 160 kg：

$E_k=1/2\times160\times18^2=25.92$（kJ）

使用相同的公式，将人的体重恢复至 80 kg，速度增加至 36 m/s（约 130 km/h）：

$E_k=1/2\times80\times36^2=51.84$（kJ）

我们可以清楚地看出，影响动能的**主要因素是速度**，而不是乘员体重。但更确切地讲，是快速失速或减速导致了致命性的创伤。

正面碰撞

经过新车碰撞测试，车辆的正面区域得到了很大的加强。现在，撞击缓冲区的设计更加智能，大多数发动机都采用横向安装（侧向移动）方式，最大限度地降低了发动机被撞入车舱的可能性。消防救援人员面临的挑战是如何在救援过程中克服汽车正面结构的强度，创造救援空间。

在正面碰撞中，虽然仍会有人遭受严重损伤，但是越来越多人能幸免于难，主要基于以下两个关键因素

- **从生理角度来看，人的身体向前移动的情况比较多**（与侧面碰撞中的横向移动相比）。
- **缓冲区和安全气囊的保护可减少快速减速所造成的伤害。**

高速正面碰撞的关键迹象（运动学）

- **安全气囊**（正面）**弹出。**
- **A 柱变形。**
- **前轮被撞入腿部空间内。**
- **伤者身体被方向盘 / 仪表盘和踏板卡住。**
- **挡风玻璃上有“撞击点”**（乘客头部撞击挡风玻璃的痕迹）。

侧面碰撞

经过新车碰撞测试，车辆的侧面区域得到了很大的加强，特别是 B 柱区域。新车上的 B 柱不仅更结实，而且更宽。消防救援人员面临的挑战是如何在救援过程中克服汽车侧面结构强度，并创造救援空间。

侧面碰撞的死亡率往往很高，主要原因如下

▪ 从生理角度来看，人的身体不会有很多的横向移动。**因此，任何剧烈的横向移动都可能造成严重的创伤。**

▪ **伤者与车辆结构之间的空间（撞击缓冲区）很小，**这意味着任何物理结构侵入都会产生严重后果。

在继续创造救援空间之前，最好通过撑顶复位技术，尝试恢复车辆的原始形状。撑顶复位可以扩大内部空间，为伤者提供更好的救援通道。

高速侧面碰撞的关键迹象（运动学）

▪ **安全气囊**（侧气囊 / 侧帘式安全气囊 / 骨盆安全气囊）弹出。

▪ **B 柱和车顶纵梁变形。**

▪ **车舱严重凹陷。**

▪ **伤者被陷入的 B 柱卡住。**

翻车事件

经过新车碰撞测试，车顶区域得到了很大的加强。现在的车顶纵梁更加坚硬，车上的玻璃，特别是挡风玻璃也增加了车顶纵梁的强度。消防救援人员面临的挑战是如何打开救援通道和创造救援空间。

翻车事件分为以下两种

▪ **车顶结构保持完整的翻车事件。**打开救援通道，创造内部救援空间，完成救援。

▪ **车顶结构失去完整性并变形的翻车事件。**这类事件比较复杂。打开救援通道十分困难，车顶变形意味着翻车时受到了巨大的压力。要从运动学的角度进行考虑。

高速翻车事件死亡率高的主要原因

- 涉及的力巨大。
- 乘客有可能从车内弹射出来。在这种情况下，死亡率增加了 6 倍。

高速翻车的关键迹象（运动学）

- 安全气囊（多个）弹出。
- A 柱、B 柱和 C 柱可能变形。
- 乘客可能从车内被甩出。
- 车身金属板多处变形损坏。
- 多次翻滚对地面或周围环境造成的损坏。

确认以下信息

- 估计碰撞的车速。
- 形变程度 / 车辆乘员舱的损坏程度。
- 车撞到了什么（树、墙、另一辆车）?
- 碰撞类型（正面碰撞、侧面碰撞、后方碰撞、翻车或多种碰撞）。
- 乘客是否系好安全带?
- 乘客是否从车内被弹出?
- 挡风玻璃内侧是否有“撞击点”的痕迹（乘员撞击挡风玻璃）?
- 是否发生翻车?
- 是否已证明碰撞造成了车内其他人员的伤亡?

以上这些是经常被问到的问题。了解运动学的原理，有助于我们制订以伤者为中心的救援计划。切记，运动学只能作为建立可能的受伤机理的指导。任何时候都要先救治伤者，而不是救援车辆。

拉伸、弯曲和扭曲

消防救援人员须注意，受损车辆在救援操作过程中会释放因形变而产生的势能（反作用力）。产生反作用力的原因如下。

- **拉伸：**拉伸或拉长的金属。
- **弯曲：**弯曲的金属。
- **扭曲：**扭曲的金属。

因此，消防救援人员必须注意因剪切或扩张操作导致的潜在反作用力。有时无法直观地看到拉伸、扭曲或弯曲的金属，所以在怀疑剪切或扩张操作可能导致反作用力时，必须注意以下事项。

- **控制可能的移动，**例如放置撑顶器。
- **确保潜在的移动不会影响车辆的稳定性。**
- **确保潜在的移动都不会对救援人员或伤者产生不利影响。**

临床技能——最低要求

正如我先前所说的，不同国家和地区的消防救援人员对创伤（以及如何处理）的认识和理解有很大差异。每个消防救援机构对医疗急救培训的程度和期望都是不同的。要规定消防救援人员应接受何种程度的创伤培训或提供一份详细的设备清单，是不切合实际的。

虽然如此，对每一个参加交通事故救援的消防救援人员都应规定最低要求，因为消防救援人员更可能在医疗救护机构之前到达现场。在这种情况下，救援人员应该具备必要的技能、设备和信心。

从统计学上看，如果能够有效地识别并处理伤者的出血问题和呼吸道阻塞问题，则可以大大增加他们的存活概率。另外，给伤者保暖也可以提高他们的生存能力。

对消防救援团队的最低要求

- 识别危及生命、时间紧迫的危险，并以此为基础确定事情的优先顺序，进一步要求医疗援助，并制订有效可行的救援计划。
- 实施基本的急救措施，可以维持生命直至医疗救护人员到达现场。
- 实施初步、持续的脊柱和盆腔护理。
- 进行详细的伤者交接。

为了满足这一最低要求，消防救援人员应具备的能力和信心

- 与伤者沟通。
- 记录伤者病史。
- 处理大面积出血。
- 呼吸道护理常识。
- 给氧和使用脉搏血氧计。
- 进行完整的初始评估。

- 进行完整的二次评估。
- 颈椎护理。
- 骨盆骨折的处理。
- 给伤者保暖。
- 进行清晰简洁的伤者交接（口头和书面）

这并不是一个固定的清单，正如我前面所说过的，无法明确规定消防救援组织如何解决车辆救援中的医疗问题。

DEUTSCHES
ROTES KREUZ
LIFE-BASE

LUKAS
LUKAS
LUKAS
LUKAS
LUKAS

救援操作过程和救援技术发展

210 救援技术发展
212 车辆方位
214 选择最合适的方法
216 救援操作过程和救援技术发展数据表——用户指南
218 安全、360 度全方位评估与其他资源要求
220 制订初步救援计划并进行沟通
222 拆除车辆内饰材料
224 车辆关停程序
226 创造内部救援空间
228 调整车辆位置
230 车辆稳定性和初始进入通道
232 打开车门
234 调整车门位置
236 拆除车门（扩张铰链）
238 拆除车门（剪切铰链）
240 玻璃破碎和处理（留在原位）
242 玻璃破碎和处理（钢化玻璃）
244 玻璃破碎和处理（夹层玻璃）
246 扩张后排座椅靠背
248 移除后排座椅靠背
250 移动仪表盘（顶升和转动）
254 拆除 B 柱
256 断开 B 柱 / 拆除整侧
258 整侧移除“蝶式技术”
260 撑顶复位（改造）
262 车顶移除 / 车顶翻折 / 车顶向下翻折
266 第三门空间创造

救援技术发展

被困伤者需要进行医疗救援和破拆救援两个方面的干预。这一救援过程有时特别简单，有时又特别复杂，常常需要多位救援人员和多种设备。

在本书前面章节中，已经介绍了在开始处理车辆之前所需执行的流程和考虑的因素。本章将介绍在发生道路交通事故后成功接近、处理和救援伤者的现场流程，以及目前的救援技术发展。

需要指出的是，以下内容仅作为指导，并非提供道路交通事故救援的所有救援技术解决方案。车辆救援指南是一本非常难写的书，因为在执行同一任务时，有很多种不同的方案，也会发生很多不同的情况。这主要是由于大家擅长的方面不同，但这也不一定是坏事。

车辆救援的技术方面往往是救援过程中引起讨论最多、意见最多的部分。这是没有任何问题的，有讨论也是好事。

也就是说，确定的救援计划必须保证以下方面。

- **安全。**
- **以伤者为中心。**
- **便于实施。**

不言而喻，救援的各个技术方面都必须保证安全，任何活动在开始之前都必须经过充分的风险评估。受过良好培训、掌握丰富知识，并能有效使用工具的救援人员，在工作时的安全系数自然更高。这里，再一次凸显了培训的重要性。

了解伤者的需求，并尽早了解他们的伤情，将有助于在现场采取有针对性的干预措施。最大限度地减少不必要的移动，减少在环境中暴露，并注意控制时间，这些都表明救援过程应以伤者为中心。此外，根据伤者的动态情况立即做出响应，是以伤者为中心的救援方法的最重要的体现。

时间很重要，但不能为了尽快救出伤者而不顾救援人员或现场人员的安全。确保同时完成多项任务（同时进行），确保救援计划的精心设计和有效传达，并确保救援团队成员具备执行医疗和消防救援所需的必要技能，可以节省救援时间。这再一次证明了培训的重要性。

车辆方位

车辆在碰撞后静止的方位对随后的救援过程有巨大的影响。车辆的静止方位在某种程度上显示事故发生的过程，救援人员应该在到达现场时收集这些信息，并传达根据信息得出的初步结论。

需要注意的是，车辆的静止位置并不能说明全部情况，事实上，车轮着地的（或车身着地的）车辆可能已经翻转了几次才停下来。救援人员必须检查车辆是否损坏，并仔细观察周围情况，寻找关于车速、行驶方向和减速率等关键信息的线索。

这些全部属于运动学的范畴，根据这些线索，初步确定伤者在车辆碰撞期间可能受到的伤害。救援人员到达现场后，应首先对这些信息进行收集和处理，但切记，这个过程只起到指导作用，伤者受伤程度的确定必须经过综合全面的评估。

车辆的位置决定着要对现场安全进行不同方面的考虑，特别是当车辆侧翻或倒翻时，车用燃料往往会泄漏，并且现场极有可能存在玻璃碎片。

当车辆处于侧翻或倒翻位置时，打开后备厢盖要特别小心。当车辆的车轮着地时，打开后备厢需要克服的力量较小（即重力－气动撑杆弹力），而这个力是向上的；当车辆侧翻时，打开后备厢，只要能使卡扣脱开，在力（重力＋气动撑杆弹力）的作用下卡扣车身就能弹开，但考虑到后备厢里的东西掉出来会对救援人员造成影响，需要缓慢打开，缓慢打开的过程会使救援人员克服较大的组合力（重力＋气动撑杆弹力），这个力同样是向上的，所以打开后备厢会比较费力。

车辆可能会靠在其他车辆、道路设施（标志）或障碍物上，这无疑增加了稳定车辆的危险性和复杂性，因此会耗费时间。车辆的位置不仅会给进入通道带来一定的限制，还可能减少可创造的最终空间。车辆的方位往往决定着最终的救援路径，所以在最初阶段，必须考虑车辆的方位。

我们已讨论过车辆位置调整的优点，所以现场指挥者应该充分考虑车辆位置调整可能带来的好处，进而提高安全性，改善救援通道，缩短现场救援时间。

根据我的经验，救援人员在处理未发生侧翻或翻转的车辆时往往更有信心。因为他们经常接受这种培训。在大多数国家和地区，由于缺少重型起重设备，无法在培训课程中安排其他方位的车辆，所以预先规划的绝大多数课程都是针对未发生侧翻或翻转的车辆的。

术语

不管车辆停在什么位置或碰撞后静止的方位如何，车辆结构都不变。例如，车辆的车顶着地，B 柱的顶部离地面最近，但 B 柱的底部却在最上面。

选择最合适的方法

在进行关于车辆救援技术方面的培训时，人们问到最多的问题之一是：为什么不这样做呢？问完这个问题后，他们通常会解释更愿意采用其他方法的原因。这绝对没问题，因为在制订车辆救援方案时，应该制订其他替代方案和方法。

需要指出的是，本书提供的救援方法只是我本人更青睐的方法，是基于我多年的实践、培训和研究经验而得出的方法。

这些救援方法主要基于现代（当代）车辆的结构，同时也考虑到以下因素

- 安全性。
- 效率（即可用人数）。
- 伤者。
- 时间。
- 环境。
- 事故调查。
- 其他机构的工作。

在过去的 15 年里，我开发了一系列技术，这些技术提高了救援的成功率。例如，如果救援涉及拆除车门，我通常先让车门处于关闭状态，再扩张铰链。这种方法提高了超过 90% 的成功率，其优势在于安全、快速、以伤者为中心，并且占用资源少。我也知道，在这种方法不适用时，如何采取其他方法。

微信扫描二维码关注
“艾迪斯鼎力科技”公众号
观看本页操作视频

采取的救援方法可能不同，这并不重要。重要的是可以达到同样高的成功率，并对自己的能力和方法有信心。

在多年的实践中，我不断使用这种用于确定最佳方案的百分比成功率方法，并做出改变。例如，在断开 B 柱 / 拆除整侧操作方面，在较旧的车上，有 80% 以上的成功率，尽管这是一个相当复杂的操作，但就现代车辆的结构而言，这种方法变得越来越困难。虽然我仍然教授这种方法，但当面对现代车辆时，如果要拆除车辆整个侧面，我更倾向于使用先拆除两个车门，再拆除 B 柱的方法。我之所以这样认为是因为我注意到，原来的方法失败（或花费更长时间）的概率越来越大了。

消防救援人员有权利选择如何执行某项救援技术，只要确保方法安全和以伤者为中心。消防救援人员应该始终尝试并改进操作方法，确保符合现代的车辆结构。消防救援人员经常问自己：“我能做得更好吗？”切勿错误地认为，自己的方法看起来很有效，无须任何改进。

最后，千万不要闭目塞听。你一直以来采取的方法并不一定是最好的方法。

LUKAS
S-GARD

救援操作过程和救援技术发展

（专业名词的描述因地而异，本书中选择的是使用频率最高的描述）

目的：简要描述计划达到的目标

完成时间	最低人数	培训周期	设备	相关方位
根据安全熟练的方法所估计的时间	在所述时间内安全有效地执行操作所需的人员数量	在获得基本技能后，建议的训练周期	执行任务所需的最基础设备。设备因地区而异	可执行某项操作的车辆方位。车轮、侧面（侧翻）或车顶着地（倒立）

方法：

操作的方法和顺序。不同操作人员的方法可能各不相同

安全和一般注意事项：

在操作过程中需要考虑的关键安全问题及其他问题

关于伤者的考虑因素：

与伤者有关的注意事项。每个操作都会对伤者产生影响，急救人员应在操作之前、之中和之后考虑这些因素。涉及多位伤者时会带来额外的挑战，这一点也应该考虑在内

关于院前急救的注意事项：

关于现场院前急救的注意事项（与“院前急救”章节一并阅读）

安全、360 度全方位评估与其他资源要求

目的：确保现场所有人员的初始安全和持续安全，并及时提出其他资源需求。

责任人：现场指挥者，由一名消防救援人员和医护人员陪同。

道路交通事故现场的现场指挥者必须始终确保所有机构的现场救援人员以及群众的安全。应对现场进行全面评估，通过初步的 360 度全方位评估，识别紧迫的危险并确定工作的优先顺序。另外，应尽快确定是否需要其他资源并提出申请。

在完成现场评估之前，不得开始任何工作，而且在确认现场安全之前，救援人员应克制住擅自行动的冲动。

车身着地（侧翻）或车顶着地（倒立）的车辆

车辆侧翻或翻转后带来的其他危险

- **车用油 / 液（如燃料、机油和冷却液）泄漏的风险增加。**
- **三元催化器烫伤风险**（温度可能超过 800℃）。
- **碎玻璃和车内物品散落带来的其他风险。**
- **稳定性受到影响。**
- **乘客可能被甩出车外**（在车辆高速翻滚的情况下）。
- **难以触及车辆电池**（在车顶着地的情况下）。

安全、360 度全方位评估与其他资源要求

目的：确保现场所有人员的初始安全和持续安全，并及时提出其他资源需求

完成时间	最低人数	培训周期	设备	相关方位
1 min 以内	3 名（现场指挥者、消防救援团队成员和医护人员）	在每次培训期间完成	灭火器和创伤包	

方法：

现场指挥者和医护人员佩戴全套的个人防护装备，对现场进行初步的 360 度全方位外部评估，重点确定：

- **涉及的车辆数量；**
- **涉及的伤者人数**（及其位置）；
- **车辆或环境的直接危险；**
- **车辆结构、动力传动系统和安全系统；**
- **是否需要其他技术资源或医疗资源。**

在收集初始信息后，现场指挥者应立即确定首要事项，提出其他资源需求，并向救援团队成员介绍初步情况。然后，救援团队成员应采取相应措施，消除或减少现场的危险。

完成上述步骤并向救援团队成员通报情况后，应进行全面的内部评估

关于伤者的考虑因素：

一旦找到伤者，立即对其状况进行评估，查看其是否有反应。如果伤者无反应，需立即进入车内，因此现场指挥者应做好准备，指示救援团队成员为医护人员提供进入通道。医护人员进入后，对伤者进行初步检查，并向现场指挥者报告关键信息

安全和一般注意事项：

在完成全面评估之前，切勿派人前往车辆所在位置。应立即进行危险识别，如：

- **不稳定的车辆或结构；**
- **破碎的玻璃；**
- **燃料 / 液体溢出；**
- **锋利的边缘；**
- **高压系统**（混合动力汽车和电动汽车）。

准备灭火器。一定要注意查看车辆下方及邻近区域。

在接近伤者时，切勿在车前行走，应稍稍偏向一侧，以降低救援人员因为车辆意外移动而受到撞击的可能性，还可以最大限度地减少伤者的移动

关于院前急救的注意事项：

如果院前急救先到达现场（在消防部门和其他救援部门之前），则应在治疗伤者之前先进行 360 度全方位评估。必须识别所有的动态风险。抑制“不惜一切代价提供帮助”的冲动，如有疑虑，要耐心等待。院前急救应受过现场安全方面的培训，并且遵守院前急救的工作准则与工作流程

制订初步救援计划并进行沟通

目的：现场指挥者制订初步救援计划，并在确认后向现场团队和其他机构进行沟通。

负责人：现场指挥者，听取建议并与消防救援团队和现场医护人员进行确认。

大多数现场指挥者在还没有登上消防车前往事故现场之前，便已经开始根据自己的培训知识和以往的经验制订救援计划。在前往事故现场途中，他们应根据自己对现场的了解，开始制订计划，以便在抵达现场时立即实施。当然，他们需要在看到车辆、接触到伤者、了解受困程度之后才能确定计划的具体细节，但计划的制订过程早就应该开始了。

如果计划尚未确定，则需要先确认资源。谁是消防救援团队成员？谁对伤者进行护理？（如果没有医护人员）还需要申请哪些资源？

到达现场后，立即查看车辆的方位，在完成初步的 360 度全方位评估后，确定车辆和伤者的位置和方位，随后即可确定可能的救援路径。

现场医护人员确认伤者的受困程度和性质后，应确认救援路径。此时，现场指挥者已掌握了关键信息，能够确认和传达救援计划。

制订初步救援计划并进行沟通

目的：现场指挥者制订初步救援计划，并在确认后与现场团队和其他机构进行沟通

完成时间	最低人数	培训周期	设备	相关方位
3 min 以内	整个团队（现场指挥者、消防救援团队和医护人员）	在每次培训期间完成	无	

方法：

一旦完成初始 360 度全方位内、外评估，并且现场指挥者掌握了环境、车辆及伤者的相关信息，便可开展初步计划的制订和传达，以及反馈意见的接收。

注意，这只是初步计划，将在提供更多信息时进行确认。在初始阶段，现场指挥者需要考虑：

- **优先级**（如涉及多位伤员，先解救哪位伤员）；
- **时间线**（还剩多长时间）；
- **可能创造的救援空间和全面救援通道要求；**
- **可能的救援途径。**

在确定最终救援计划之前，现场指挥者需要掌握更多关于伤者受困程度的信息

安全和一般注意事项：

救援计划应符合伤者的伤情和状况。此外，还必须考虑救援过程中救援人员的安全。

现场指挥者应谨记以下几点：

- **任何可能危及安全和延误计划的动态危险**（例如水位上升或结构不稳定）；
- **伤者状况发生变化，必须立即开展救援**（手动处理可能对安全造成影响）

关于伤者的考虑因素：

在救援的早期阶段，现场指挥者根据伤者的位置、方位和初始状况，开始制订初步计划。

医护人员应持续提供有关伤者状态的最新信息，并尽早通知现场指挥者伤者的受困程度，如是否存在机械卡困情况

关于院前急救的注意事项：

就救援计划而言，医护人员十分重要，因为他们提供的与伤者有关的初始信息和持续信息对可用时间和最佳救援路径，都具有一定的影响。

医护人员必须与现场指挥者保持沟通，还必须持续报告伤者的动态状况。

如果因伤者状况发生变化而需要更改计划，必须立即向现场指挥者提出需要

微信扫描二维码关注
“艾迪斯鼎力科技”公众号
观看本页操作视频

拆除车辆内饰材料

目的：拆除车内装饰材料并识别危险源。

责任人：消防救援团队成员。

现场指挥者首先要考虑的是，识别车辆安全系统及其部件，除了目视检查并时刻准备好，在必要时使用液压工具外，此过程还可能涉及拆除车辆内饰材料（如 A 柱和 B 柱上的塑料覆盖物等）。在这一过程中，将识别需要绕开的结构元件和安全系统。

对于现代车辆，这是一个非常困难且耗时的过程，而且救援计划中很少考虑这一过程需要的时间。通常，培训案例中的车辆款式都比较老旧，这些车辆的内饰材料更容易拆除，但是现代车辆将会带来更多的挑战。另外，如果需要拆除被困伤者周边的内饰材料，这一过程会更加复杂而且需要更多时间。

车身着地（侧翻）或车顶着地（倒立）的车辆

对于车身着地或车顶着地的车辆，也可以按照同样的方法，但要注意，松动的内饰材料可能会掉落，并影响伤者和急救人员。

拆除车辆内饰材料

目的：拆除车辆内饰材料并识别危险源

完成时间	最低人数	培训周期	设备	相关方位
5 min 以内	1 名（消防救援团队成员）	在每次培训期间完成	拆除车辆内饰材料用的工具、硬保护、软保护	

方法：

在进行任何剪切、扩张或撑顶之前，必须拆除所有内饰材料，并识别所有危险源。其中包括：

- **安全气囊；**
- **硬化材料**（安全带固定点）。

虽然这看起来是一个简单的过程，但现代车辆却带来了更大的挑战，必须合理分配任务时间，如非必要，切勿拖延现场救援时间。尽早指派一名救援团队成员，开始实施这一过程。

首先拆除橡胶密封件（车门周围），然后拆除覆盖 A 柱和 B 柱的塑料内饰材料

安全和一般注意事项：

拆除内饰材料时，必须考虑伤者的情况，拆除过程可能存在一定难度，并耗时较长。

现场指挥者应谨记以下几点：

- **使用软、硬保护，**保护伤者；
- **留出实施保护的时间，并把此时间算进整体救援时间；**
- **完全拆下内饰材料，**因为任何塑料残留都可能会妨碍查看刀具的尖端部位；
- **传达或标记所识别的任何危险；**
- **提醒团队成员要小心，**因为在用力拆下塑料内饰材料时，可能会导致车辆出现不必要的移动

关于伤者的考虑因素：

拆除车辆内饰材料时，必须使用软、硬保护（例如塑料膜）覆盖伤者，并且最大限度地减少移动。

不断汇报并更新伤者的情况

关于院前急救的注意事项：

为剪切、扩张或撑顶而进行车辆内饰材料拆除时，需要在伤者附近作业。拆除内饰材料过程中会产生噪声，使人感到烦躁。

在此过程中，院前急救应确保减少对伤者的负面影响，并安抚伤者的情绪

车辆关停程序

目的：关闭车辆电气系统。

责任人：消防救援团队的成员。

关闭车辆电气系统是多年来我们非常熟悉的操作，已成为我们既定方案的一部分，如断开所有车辆上的 12 V 电源以及混合动力汽车上的高压系统。高压系统从 1997 年开始普遍使用，目的是为了隔离安全气囊，同时减少触电的概率（如果是混合动力汽车）。2010 年，纯电动汽车问世，这意味着我们需要更深入地了解如何关闭这些车辆上的电气系统，从而保证现场作业的安全性。虽然全球市场上有许多种电动汽车，但是所有制造商的关停程序都大体类似。

选对时机非常重要，因为对于现代车辆来说，用来进出车辆和创造空间的许多系统都是电动系统，所以，如果这些系统在使用之前电源被断开，可能会造成很多麻烦而且会延长现场救援时间。

车辆锁止系统、天窗、座椅、头枕、方向盘、后备厢以及（某些车辆的）踏板都可以电动操作，如果能够在关闭车辆电气系统之前进行识别，就能减少很多工作，最重要的是节省很多时间。

在救援过程中保证安全是第一要务，如果现场指挥者需要通过关闭车辆电气系统来防止发生关键风险（如清除可能存在的起火源）问题，则应传达该决定并采取行动。在某些情况下，重新连接蓄电池可以恢复车辆电气系统，但不是每次都能成功。

车身着地（侧翻）或车顶着地（倒立）的车辆

可以通过发动机舱和后备厢进入车内，完全断开侧翻车辆的电源。但在无法接近车顶着地的车辆的发动机舱时，不可能使所有系统断电。注意，一些车辆的备用电池和保险丝位于后备厢中，消防救援人员应参考车辆数据表，了解有关这些系统位置的更多信息。

如果不能彻底完成车辆关停程序，必须告知现场所有人员。

车辆关停程序

目的：关闭车辆电气系统

完成时间	最低人数	培训周期	设备	相关方位
2 min 以内	1 名（消防救援团队成员）	在每次培训期间完成	各种小工具、硬保护、软保护	（并非所有阶段）

方法：

适用于所有车辆（不仅仅是混合动力电动汽车），在实际可行的情况下尽快关闭车辆电气系统，这一点非常重要。随着道路上混合动力车和电动车的增加，掌握正确的方法非常重要。

- **识别：** 始终假定所涉车辆是电动汽车或混合动力车，直至可确认属于其他类型为止。
- **固定车轮：** 可防止初始移动。
- **激活驻车制动器：** 可确保车辆不会移动。
- **将车辆置于“驻车”位置：** 使车辆无法行驶。
- **将智能钥匙放在安全位置：** 找到智能钥匙并将其拿到距离车辆 5 m 以外。
- **断开 12 V 电池：** 尽可能拆除负极电缆，仅在绝对必要的情况下切断。
- **拆除“选定”保险丝：** 混合动力车和电动汽车应急指南（可在线获取）有拆除“选定”保险丝的操作说明。
- **关闭高压系统：** 制造商有不同的解决方案

关于伤者的考虑因素：

在断开车辆电源前，利用车辆电气系统在伤者周围创造救援空间并不断汇报、更新伤者情况。

如果伤者有意识，则询问他们智能钥匙在哪里，因为智能钥匙不一定在点火开关处

安全和一般注意事项：

车辆关停程序将降低暴露于高压系统中的风险，并降低被动安全系统（如碰撞期间可能未弹出的安全气囊）的风险，即使风险已经到达最低限度。现场指挥者应谨记以下几点。

- **每家汽车制造商均制定有自己的汽车紧急响应指南。** 这些指南可在线获取，并可作为培训材料以及操作指南。
- **完成救援空间（如移动座椅）的创造后，方可关闭车辆电气系统。**
- **如果电源断开，某些车辆会自动锁定，** 这样会阻碍消防救援人员从后备厢进入。
- **拆除车内所有“插入式”物品，** 例如手机或卫星导航装置

关于院前急救的注意事项：

最先到达现场者的首要任务是确保现场安全。执行初步的 360 度全方位评估和风险评估，并识别重大危险源。

如果确定所涉车辆是混合动力车或电动汽车，切勿暴露于高压系统风险中。

由于缺乏设备和个人防护装备，因此可能无法采取足够的控制措施。院前急救应了解断开高压系统所需的程序。**如有疑问，请等待**

创造内部救援空间

微信扫描二维码关注
"艾迪斯鼎力科技"公众号
观看本页操作视频

目的：利用车辆结构和电气系统快速创造内部空间。

责任人：消防救援团队成员和医护人员。

在拆除车辆外部零件的同时，现场指挥者应确保车辆内部的工作同时进行，创造有利于伤者的内部空间。这项工作可以安全有效地完成，而且通常不需要任何工具。断电之前可以调整座椅位置（使空座椅倾斜），拆下头枕，也可以操控其他电气系统。

这项工作的关键是使操作尽量简单，尽量用最少的工作量创造出最大的空间。急救人员经常忽略那些手动就能完成的工作，而且没有在救援早期完成这些工作。也就是说，花了很多时间试图在十分受限的空间中治疗伤者。

除利用车辆结构和电气系统来创造空间外，还需要清除车内所有物品，包括乘客舱和车辆后部的所有物品。切记，此类物品属于个人物品，应妥善处理。

车身着地（侧翻）或车顶着地（倒立）的车辆

对于车辆侧面或车顶，可采取同样的操作。

创造内部救援空间

目的：利用车辆结构和电气系统快速创造内部空间

完成时间	最低人数	培训周期	设备	相关方位
2 min 以内	1 名（消防救援团队成员 / 医护人员）	每月	无	

方法：

仅需拆除或移动车辆结构即可快速创造内部救援空间，这一过程主要是手动完成的。

- 倾斜无乘员的前排座椅。
- 拆除头枕。
- 拆除所有插入式电子设备。
- 移动方向盘。
- 拆除空的儿童座椅。
- 清空后备厢。
- 清空乘客舱中的所有物品。
- 拆除窗帘。

创造的空间可以使消防救援人员和医护人员更安全高效地工作

安全和一般注意事项：

必须在关闭车辆电气系统前完成内部空间创造，因为这个过程中可能需要使用电气系统（如座椅）。现场指挥者应谨记以下几点。

- **应尽快开始创造内部救援空间，**以便更加安全高效地工作。
- **靠近伤者处工作时应小心谨慎，**如非必要，切勿随意移动伤者。
- **从车上清除的所有物品，应妥善保护，**以免受到外界环境的影响，并可能作为交通事故调查的证据。
- **手动系统（座椅）可能会在碰撞中受损，**因此可能无法操作

关于伤者的考虑因素：

在创造内部救援空间时，必须用硬保护和软保护覆盖伤者（如塑料膜），并尽量少移动伤者。

不断汇报并更新伤者情况

关于院前急救的注意事项：

创造内部救援空间的工作通常由消防救援人员负责，但院前急救也可从旁协助，在车内进行操作，创造额外工作空间。应提前了解有哪些系统可被用于创造内部救援空间，如有可能，可以移动座椅、方向盘、头枕，还可打开 / 关闭车窗。

虽然首要任务是救援伤者，但这样做可增加工作空间，从而尽快完成救援任务

调整车辆位置

目的：考虑是否需要调整车辆位置来增加现场安全性或改善人员和设备的进出条件，缩短现场救援时间。

责任人：现场指挥者，考虑医护人员和消防救援团队给出的建议。

我们对受伤机制的理解，远比 10 年前更加深刻，而且现在确实能够通过移动车辆让急救人员的工作更安全、更简单。这一决策（与计划的其他部分一样）应以抵达时和初始操作阶段收集的破拆和医疗信息为基础，并经过跨机构讨论后做出。修订后的团队工作方法建议现场指挥者在到达现场时考虑调整车辆位置，并将其加入初步现场安全评估中，因此，所有可能需要的额外资源都应立即安排送至现场。对于大多数事故来说，这可能根本就不予考虑。但如果认识到这是一个可行的方式（且能够适用于基本和复杂的车辆移动程序），则现场指挥者将有更多选择来降低风险、改善进出条件，从而缩短现场救援时间。

车身着地（侧翻）或车顶着地（倒立）的车辆

进入车内并创造救援空间的方案有很多种，因此一般不会移动翻转后的车辆。换言之，不会考虑扶正车辆。但是，为了方便进入车内，有时也会移动翻转后的车辆。同样，车辆侧翻时相对容易进入车内并创造救援空间（如车顶翻折）。但如果伤者是肥胖者（体型大），则其可能“坐”在（被安全带束在）车辆最上面，考虑到其位置，可能选择将车扶正。

同样，在伤者受到机械卡困的情况下（如在车辆侧翻前被仪表盘困住），出于作业性质考虑，重新扶正车辆可能更有利于救援。

调整车辆位置

目的：考虑是否需要通过调整车辆位置来提高现场安全性或改善进出条件

完成时间	最低人数	培训周期	设备	相关方位
15 min 以内	人员数量取决于救援方法	每月	可使用液压撑顶器、扩张器、绞盘、绳索、链条	

方法：

仅在为提高安全性或缩短现场救援时间的情况下才考虑调整车辆位置。否则，车辆应留在原位。现场指挥者应决定此方案是否可行，并纳入初步评估中。

如果车辆未发生倾斜或翻转，可通过以下方式移动。

- **在车辆（着力点）与物体（如树）之间插入液压扩张器或撑顶器并缓慢移动，直至急救人员能完全进入车内。**

如果车辆侧翻，则可通过以下方式移动。

- **利用两个向相反方向拉动的绞盘实现“受控转动”。**

如果调整车辆的位置和救援的时间加在一起可能超过从车辆初始位置进行救援的时间，则不应移动车辆

安全和一般注意事项：

应谨慎考虑是否调整车辆位置，并以安全可控的方式进行，尽量减少车辆移动。

现场指挥者应谨记以下几点。

- **车辆移动必须在负责稳定伤者的医护人员的引导下进行。**
- **应配备安全员持续监控车辆移动情况以及稳定性。**
- **在使用绞盘时，必须确保绞盘和辅助设备达到合适的级别。**

技术操作人员（液压装置或绞盘操作人员）、现场指挥者、安全员与医护人员之间必须持续保持沟通

关于伤者的考虑因素：

如果要调整车辆的位置，则必须对伤者进行妥善处理，以减少车辆移动对其产生的影响。伤者应随时了解正在发生的情况，如果伤者或医护人员有任何顾虑，必须停止移动并重新进行评估。

完成移动后，应重新评估伤者

关于院前急救的注意事项：

医护人员应熟悉车辆移动的概念，并了解车辆移动在接近伤者和缩短现场救援时间方面的价值。消防救援人员可能会因害怕加重伤者的伤势而不太愿意移动车辆，因此医护人员应基于其对伤者的初步评估提供参考建议。医护人员应在车辆移动阶段观察伤者的情况

车辆稳定性和初始进入通道

微信扫描二维码关注
“艾迪斯鼎力科技”公众号
观看本页操作视频

目的：根据既定救援计划使车辆保持稳定，方便救援人员首次进入车辆。

责任人：消防救援团队的成员。

一旦确定无须移动车辆后（或完成车辆移动之后），应按照指定的救援计划稳定相关车辆。“按照”是指为实现稳定而采取的步骤不应妨碍随后的救援过程。

是否需要进入车辆取决于对伤者的初步评估，现场指挥者将根据此项评估结果确定合适的稳定性水平。如果伤者由于气道受阻出现无反应情况，则建议将伤者列为最高优先级，并采取人工稳定措施。如果伤者头脑清醒、神志清楚，则可以在车辆完全稳定之后再允许救援人员进入车辆。

根据伤者的动态状况，确定初步进入车辆的计划和方法。

车身着地（侧翻）或车顶着地（倒立）的车辆

在车辆侧翻或倒立时，稳定性会更差。在需要额外设备（对于侧翻车辆）的情况下，使车辆稳定下来的过程会需要较长时间，消防救援人员应熟悉保持车辆稳定的方法。车顶着地的车辆车身可能会非常稳，且由于发动机的重量，会使“车头”朝下。切记，随着路上的电动汽车越来越多，这种情况很可能会因重心（蓄电池单元）较低以及车前部无发动机而发生变化。

在这种情况下，进入车内会更加困难。车身着地车辆由于位置原因会导致进入车辆的方案受限，而对于车顶着地的车辆，虽然可以通过车门进入车内，但是，车辆损坏或车身重量会导致车门难以打开，这种操作可能会行不通。

车辆稳定性和初始进入通道

目的：根据既定救援计划使车辆保持稳定，方便救援人员首次进入车辆

完成时间	最低人数	培训周期	设备	相关方位
2 分钟以内	2 名（消防救援团队成员）	在每次培训期间完成	支撑垫块和楔块、垛式支架、支撑柱、绞盘	

方法：

第 1 阶段 手动操作：如果需要为不稳定的伤者提供紧急救援通道，则应由救援人员手动“支撑”车辆。在操作时，应尽可能防止车辆移动，并允许医护人员立即接近伤者并予以治疗。

第 2 阶段 垫块和楔块：将垫块和楔块插入地面与车辆之间，以减少车辆在垂直和水平方向上移动。应将垫块和楔块置于车辆的着力区域之下，例如 A 柱和 B 柱下方（非塑料保险杠）以及车身后部结构下方。在给轮胎放气前，必须告知警方。

第 3 阶段 辅助设备：如果车辆稳定性面临更复杂的情况（如侧翻或在倾斜地面上时），可以使用辅助设备。此类设备可能是支撑柱或绞盘，且必须达到完成现场任务要求的级别。除上述设备外，还应用楔块固定住车辆车轮，确保车轮不会移动

安全和一般注意事项：

应在现场安全有效地开展车辆稳定性工作，以减少车辆移动。

现场指挥者应谨记以下几点。

- **如果车辆有支撑，应确保使用正确的手动操作技巧。**
- **切勿借助顶升车辆来插入垫块和楔块。**
- **不要强行插入楔块**（如使用锤子），**因为这样可能会导致车辆过度移动。**
- 如可能应**确保车辆驻车制动器处于激活状态。**
- **由于发动机重量的缘故，车顶着地的车辆静止时可能会造成车头一端更低。**考虑电动汽车可能的静止位置

关于伤者的考虑因素：

第一时间对伤者进行评估，这样可以确定采用哪种方式实现车辆的初步稳定。如果伤者无反应，没有时间插入垫块和楔块，则可手动稳定车辆，以使医护人员能够进入车辆。完成此阶段后，继续进行第 2 阶段和第 3 阶段（如有必要）的车辆稳定性操作。在此期间要不断汇报并更新伤者情况

关于院前急救的注意事项：

稳定车辆会为医疗团队提供坚实的作业平台。如果对车辆或伤者的不必要移动有任何疑虑，请告知团队，他们会确保车辆足够稳定

微信扫描二维码关注
“艾迪斯鼎力科技”公众号
观看本页操作视频

打开车门

目的：初步接近伤者。

责任人：消防救援团队成员或医护人员。

虽然打开车门看似是最基本的操作，但这是进入车辆以及接近伤者最简单的方法。一般情况下，用手即可打开车门，但有时必须准备好液压工具，尤其是在伤者无反应的情况下。

在车门被打开后随时可接近伤者的情况下，现场的医护人员通常需要进入车内救治伤者。在医护人员进入车内后，会给伤者输氧并安装好监测器，在此之后很难再移动伤者。现场指挥者应与现场的医护人员密切合作，确保创造初始的救援空间，以便后续创造更大的救援空间。这项工作完成后，现场医护人员可利用此空间有效地治疗伤者。

医护人员的初始位置非常重要，如果不予以考虑，则可能会延长救援时间。

车身着地（侧翻）或车顶着地（倒立）的车辆

打开侧翻车辆的上车门非常困难，因为在提起时必须承受车门的全部重量。因此，可能需要使用梯子从上方提起车门，但是此操作须在车辆完全稳定后方可进行。或者，救援人员进入车内后，从下面推动车门。然后，使用垫块或楔块将车门固定在打开位置上。

对于车顶着地的车辆，救援人员可以从车门直接进入车内，但由于车辆损坏或车身重量导致难以打开车门时，这种操作可能会行不通。这时需要切掉门框顶部，以防刮到地面。

打开车门

目的：初步接近伤者

完成时间	最低人数	培训周期	设备	相关方位
1 min 以内	1 名（消防救援团队成员 / 医护人员）	每月	无	

方法：

拉开把手，打开车门，这是接近伤者最简单的方法。

接近伤者后，除评估伤者外，医护人员还应评估车辆内部危险，获取伤者的相关信息并协助现场指挥者制订计划

安全和一般注意事项：

打开车门是一项非常基础的技术，而且这样可初步接近乘客舱和伤者。

现场指挥者应谨记以下几点。

- 所有来自车内的直接危险。
- 找出所有未弹出的安全气囊，并提醒现场救援人员。
- 注意可能的血液或体液污染。
- 由于车辆损坏而出现的锐边或碎玻璃

关于伤者的考虑因素：

确保伤者不倚靠车门，因为如果倚靠车门，在打开车门时，伤者会发生移动。持续汇报并更新伤者情况。

打开车门后，伤者便暴露在外，应尽量减少环境对其的影响

关于院前急救的注意事项：

如果院前急救先于消防救援团队到达现场，则务必（在完成 360 度全方位评估后）先尝试进行简单的操作，如用手打开车门。

重要提示：如果打开车门后，医护人员在伤者附近工作，那么可能会影响消防救援团队创造内部救援空间，尤其是在给伤者输氧并安装好监测器的情况下。

请考虑医护人员所处的初始位置，以及对后续破拆救援的影响

微信扫描二维码关注
“艾迪斯鼎力科技”公众号
观看本页操作视频

调整车门位置

目的：初步接近伤者并增加工作空间。

责任人：消防救援团队的成员。

打开车门是进入车内接近伤者最简单的方法。一般情况下，用手即可打开车门，但有时必须准备好液压工具，尤其是在伤者无反应的情况下。打开车门后，车门张开的角度由车门限制带（也称“挡风条”）控制。这一小块金属通常位于车门铰链之间，很容易剪切。完成这一步操作后，可以很容易地将车门向后推，增大车门张开的角度，从而创造更大的空间。

在车门被打开后随时可接近伤者的情况下，现场的医护人员通常需要进入车内救治伤者。在医护人员进入车内后，会给伤者输氧并安装好监测器，在此之后很难再移动伤者。现场指挥者应与现场的医护人员密切合作，确保创造初始的救援空间，以便后续创造更大的救援空间。这项工作完成后，现场医护人员可利用此空间有效地治疗伤者。

医护人员的初始位置非常重要，如果不予以考虑，则可能会延长救援时间。

车顶着地（倒立）的车辆

在车顶着地的车辆上执行此操作比较容易，但可能有必要切掉门框顶部，以防刮到地面。

调整车门位置

目的：初步接近伤者并增加工作空间

完成时间	最低人数	培训周期	设备	相关方位
1 min 以内	2 名（消防救援团队成员）	每月	液压剪切器、螺栓剪	

方法：

打开车门后可以初步接近伤者，还可通过调整车门位置来增加空间。可通过以下方式快速调整车门位置。

- **打开车门。**
- **使用液压剪切器来剪切车门限制带**（也称“挡风条”）。车门限制带是限制车门张开角度的铰链之间的金属片。
- **两名现场消防救援操作人员应小心地将车门向后推，**直至车门“折叠”并接触到前翼子板（挡泥板）。
- **使用绳子将车门固定到位。**

如果已确定伤者被仪表盘或踏板卡住，则不应采用此技术。如果需要移动仪表盘，那么车门移动会影响移动仪表盘操作

安全和一般注意事项：

虽然打开车门和调整车门位置是非常基础的技术，但这样做可快速进入车内接近伤者。

现场指挥者应谨记以下几点。

- **现场消防救援操作人员在向后折叠车门时应使用正确的手动操作技术。**
- **判断来自车内的直接危险。**
- **找出所有未弹出的安全气囊并提醒现场救援人员。**
- **注意可能的血液或体液污染。**
- **由于车辆损坏而出现的锐边或碎玻璃。**
- **使用绳子将车门固定到位，**确保车门不会意外关闭。
- 使用硬保护和软保护**来保护伤者。**
- 使用液压破拆救援工具前要**发出口头警告。**
- 完成操作后**包住所有锐边**

关于伤者的考虑因素：

确保伤者不倚靠车门，因为如果倚靠车门，打开车门时，伤者会发生移动。

在剪切车门限制带时，保护伤者免受碎片飞溅的影响。持续汇报并更新伤者情况。

打开车门后，伤者便暴露在外，应尽量减少环境对其的影响。

关于院前急救的注意事项：

调整车门位置的过程中可能需要在伤者附近使用液压工具。消防救援操作人员应向伤者介绍情况，确保充分保护伤者。如果担心自身或伤者的安全，应立即停止操作。调整车门位置操作完成后，应重新评估伤者。

拆除车门后很容易接近伤者。如果打开车门后，医护人员在伤者附近工作，那么可能会影响消防救援团队创造内部救援空间，尤其是在给伤者输氧并安装好监测器的情况下。**请考虑医护人员所处的初始位置，以及对后续破拆救援的影响**

拆除车门（扩张铰链）

目的：初步接近伤者并增加工作空间。

责任人：消防救援团队的成员。

虽然简单地打开车门或调整车门位置可充分接近伤者，但完全拆除车门更加快速且操作相对容易。

到目前为止，拆除车门（扩张铰链）最简单和最安全的方法是在关闭车门时操作。这样可立即控制车门，因为车门由锁紧机构和螺栓固定在关闭位置。露出铰链，从上到下进行扩张，车门会逐渐远离伤者。铰链和车门限制带失去作用后，只要拉动（内部或外部）车门把手即可拆下车门。这些操作可在现代车辆上轻松完成，因为铰链安装件有失效机制，而无须使其断裂。如果出现结构断裂，剪切后可继续操作。

为什么不在车门打开的情况下扩张铰链?

在车门打开的情况下扩张铰链是不安全的，因为在这种情况下，操作位置距离伤者太近，可能会伤害伤者。因此，一般不采取这种方式。在车门打开的情况下扩张车门意味着车门不受控制，我经常看到有人试图在铰链扩张时“支撑”车门。这会带来不必要的风险。现代车辆铰链在外力作用下会失去作用，因此有人员受伤的风险。如果车门关闭，则车门受控。

在拆除车门后随时可接近伤者的情况下，现场的医护人员通常需要进入车内进行救治。在医护人员进入车内后，会给伤者输氧并安装好监测器，在此之后很难再移动伤者。现场指挥者应与现场的医护人员密切合作，确保创造初始的救援空间，以便后续创造更大的救援空间。这项工作完成后，现场医护人员可利用此空间有效地治疗伤者。

医护人员的初始位置非常重要，如果不予以考虑，则可能会延长救援时间。

车顶着地（倒立）的车辆

对于车顶着地的车辆，也可采取同样的操作。但应先从底部铰链开始扩张（切记，车辆结构不会改变，车顶着地车辆的底部铰链此时已处于最上方）。

拆除车门（扩张铰链）

目的：初步接近伤者并增加工作空间

完成时间	最低人数	培训周期	设备	相关方位
90 s 以内	2 名（消防救援团队成员）	每月	液压扩张器和剪切器（如需要）	

方法：

拆除车门后可为救援操作提供最大空间，随后可以继续采用其他技术（如移动仪表盘）。

当车门关闭时，车门由锁紧机构控制且车门扩张位置远离伤者，因此此时扩张铰链拆除车门通常更加安全方便。

- **通过挤压前翼子板**（挡泥板）**使铰链露出。** 可将翼子板整个拆下。
- **首先扩张顶部铰链，其次扩张车门限制带，最后扩张底部铰链，**确保扩张位置在着力点上方。
- **剪切车门线束**（通常在车门中间）。
- **完成后，仅需拉动车门把手即可拆除车门。**

如果出现结构断裂（如 A 柱），则剪切后再继续扩张

关于伤者的考虑因素：

确保伤者不倚靠车门，因为如果倚靠车门，打开车门时，伤者会发生移动。

在扩张铰链时，保护伤者免受碎片飞溅的影响。持续汇报并更新伤者情况。

打开车门后，伤者便暴露在外，应尽量减少环境对其的影响

安全和一般注意事项：

虽然拆除车门是一种非常基础的操作，但通过此操作可快速进入车内并接近伤者。现场指挥者应谨记以下几点。

- **判断来自车内的直接危险。**
- **找出所有未弹出的安全气囊并提醒现场救援人员。**
- **注意可能的血液或体液污染。**
- **由于车辆损坏而出现的锐边或碎玻璃。**
- **使用硬保护和软保护来保护伤者。**
- **使用液压破拆救援工具前发出口头警告。**
- **完成操作后包住所有锐边**

关于院前急救的注意事项：

拆除车门时可能需要在伤者附近使用液压工具。消防救援操作人员应向伤者介绍情况，确保充分保护伤者。如果担心自身或伤者的安全，应立即停止操作。车门被拆除后，应重新评估伤者。

拆除车门后会非常容易接近伤者。如果打开车门后，医护人员在伤者附近工作，那么可能会影响消防救援团队创造内部救援空间，尤其是在给伤者输氧并安装好监测器的情况下。**请**考虑医护人员所处的位置，以及对后续破拆救援的影响

拆除车门（剪切铰链）

目的：初步接近伤者并增加工作空间。

责任人：消防救援团队的成员。

虽然简单地打开车门或移动车门方位可充分接近伤者，但完全拆除车门更加快速且操作相对容易。

到目前为止，拆除车门（剪切铰链时）最简单和最安全的方法是在关闭车门时操作。这样可立即控制车门，因为车门由锁紧机构和螺栓固定在关闭位置。使用扩张器稍微扩张并露出铰链，以保证有足够的空间插入剪切器，使之完全包围铰链结构，可使剪切更加有效。在剪切铰链和车门限制带后，只要拉动（内部或外部）车门把手即可拆除车门。

应识别铰链的类型和结构，避免剪切铰链销。

为什么不在车门打开的情况下剪切铰链?

为安全有效地剪切铰链，必须为剪切器留出足够空间，使之完全包围铰链结构，因此剪切前需稍微扩张铰链。如果在车门打开的情况下扩张并剪断铰链，那么操作位置距离伤者过近，易对伤者造成伤害。因此，一般不在车门打开的情况下剪切铰链。

在拆除车门后随时可接近伤者的情况下，现场的医护人员通常需要进入车内进行救治。在医护人员进入车内后，会给伤者输氧并安装好监测器，在此之后很难再移动伤者。现场指挥者应与现场的医护人员密切合作，确保创造初始的救援空间，以便后续创造更大的救援空间。这项工作完成后，现场医护人员可利用此空间有效地治疗伤者。

医护人员的初始位置非常重要，如果不予以考虑，则可能会延长救援时间。

车顶着地（倒立）的车辆

对于车顶着地的车辆，可采取同样的操作（但切记，车辆结构不会改变，车顶着地车辆的底部铰链此时已处于最上方）。

拆除车门（剪切铰链）

目的：初步接近伤者并增加工作空间

完成时间	最低人数	培训周期	设备	相关方位
90 s 以内	2 名（消防救援团队成员）	每月	液压扩张器和剪切器	

方法：

拆除车门后可为救援操作提供最大空间，随后可以继续采用其他技术（如移动仪表盘）。如果操作不正确，则通过剪切铰链来拆除车门会损坏工具。为完全包围铰链，必须为剪切器留出足够空间。

- **挤压前翼子板**（挡泥板），**使铰链露出。可将翼子板整个拆下。**
- **扩张顶部铰链，增加铰链周围的空间，以便剪切器完全包围铰链；剪切时，避开铰链销。**
- **对车门限制带和底部铰链重复此操作。**
- **剪切车门线束**（通常在车门中间）。
- **完成后，仅需拉动车门把手即可拆除车门**

安全和一般注意事项：

虽然拆除车门是一项非常基础的操作，但通过此操作可快速进入车内并接近伤者。现场指挥者应谨记以下几点。

- **消防救援人员在向后折叠车门时应使用正确的手动操作技术。**
- **判断来自车内的直接危险。**
- **找出任何未弹出的安全气囊并提醒现场救援人员。**
- **注意可能的血液或体液污染。**
- **由于车辆损坏而出现的锐边或碎玻璃。**
- **使用硬保护和软保护来保护伤者。**
- **使用液压破拆救援工具前发出口头警告。**
- **完成操作后包住所有锐边**

关于伤者的考虑因素：

确保伤者不倚靠车门，因为如果倚靠车门，打开车门时，伤者会发生移动。

在扩张铰链时，保护伤者免受碎片飞溅的影响。持续汇报并更新伤者情况。

打开车门后，伤者便暴露在外，应尽量减少环境对其的影响

关于院前急救的注意事项：

拆除车门时可能需要在伤者附近使用液压工具。消防救援操作人员应向伤者介绍情况，确保充分保护伤者。

如果担心自身或伤者的安全，应立即停止操作。车门被拆除后，应重新评估伤者。拆除车门后会非常容易接近伤者。如果打开车门后，医护人员在伤者附近工作，那么可能会影响消防救援团队所创造内部救援空间，尤其是在给伤者输氧并安装好监测器的情况下。

请考虑医护人员所处初始的位置，以及对后续破拆救援的影响

玻璃破碎和处理（留在原位）

目的：根据既定救援计划和伤者的情况对所有车辆玻璃进行妥善处理。

责任人：消防救援团队的技术成员。

合理妥善地完成现场的玻璃破碎，不仅要考虑已确定的救援计划，还要考虑伤者的受伤情况。也就是说，消防救援人员不能再像以前一样简单地拆除所有玻璃，而是采取更合乎逻辑和有组织的方式，把保护伤者不受环境伤害放在第一位，而且应该意识到环境因素可能严重影响伤者的身体状况。为此，消防救援人员应尽可能确保在玻璃破碎过程中不会使伤者暴露在低温或风雨环境中。

在不影响救援的前提下，将玻璃留在原位是最安全、最简单的方法。这样可以减少玻璃碎屑和碎片对救援现场的影响，且减少伤者与外界环境的接触。

车身着地（侧翻）或车顶着地（倒立）的车辆

对于车辆侧面着地或车顶着地的车辆，可采取同样的操作。

切记，车辆侧翻时，上面车门中的玻璃在伤者和医护人员上方，可能会对他们造成伤害。在处理这种玻璃时务必小心，要确保伤者和医护人员得到充分保护，不被玻璃伤害。

玻璃破碎和处理（留在原位）

目的：根据既定救援计划和伤者的情况对所有车辆玻璃进行妥善处理

完成时间	最低人数	培训周期	设备	相关方位
1 min 以内	2 名（消防救援团队成员）	在每次培训期间完成	玻璃破碎器组套中的胶布、转移膜	

方法：

如果符合既定救援计划，也可将玻璃留在原位，不进行其他处理。这样能够节省时间，也可以减少现场的污染（玻璃碎屑和碎片）。

除留在原位外，还可以使用像转移膜一样的透明薄膜将玻璃覆盖起来。这样可以加强玻璃耐受性，也方便使用液压工具，因为玻璃破裂时处于可控状态。

将玻璃留在原位可为伤者提供额外保护，因为伤者不会暴露在环境中

安全和一般注意事项：

将玻璃留在原位可减少现场危险，将玻璃碎屑和碎片带来的风险降至最低。

现场指挥者应谨记以下几点。

- **如果玻璃留在原位且救援计划发生变化，则必须重新检查玻璃破碎情况，**否则可能会延迟救援过程。
- **如果可能出现玻璃失控破裂情况，应采取措施保护救援人员和伤者。**其中包括佩戴呼吸防护装置

关于伤者的考虑因素：

救援过程进入玻璃破碎阶段后，必须采用软保护（如伤者保护罩）来覆盖伤者，而且如果未给伤者输氧，应安排伤者佩戴合适的呼吸防护装置。

持续汇报并更新伤者情况

关于院前急救的注意事项：

在玻璃破碎阶段，可能会产生噪声、玻璃碎屑和碎片。院前急救必须穿戴合适的个人防护装备（包括呼吸防护装置），并确保伤者也受到保护。使用软保护（如伤者保护罩）可确保玻璃碎片不会伤害伤者。

切记，拆除玻璃会使伤者暴露在外界环境中。请提醒消防救援团队尽最大努力给伤者做好保暖措施，如非必要，切勿拆除玻璃

微信扫描二维码关注
“艾迪斯鼎力科技”公众号
观看本页操作视频

玻璃破碎和处理（钢化玻璃）

目的：根据既定救援计划和伤者的情况对所有车辆玻璃进行妥善处理。

责任人：消防救援团队的技术成员。

合理妥善地完成现场的玻璃破碎，不仅要考虑既定救援计划，还要考虑伤者的受伤情况。也就是说，不能再像以前一样简单地拆除所有玻璃，而是采取更合乎逻辑和有组织的方式。我们应该把保护伤者不受环境伤害放在第一位，而且应该意识到环境因素可能严重影响伤者的身体状况。为此，我们应尽可能确保在玻璃破碎过程中不会使伤者暴露在低温或风雨环境中。

钢化玻璃破碎时会产生非常细小的碎片，由于特殊的制造工艺，钢化玻璃在破碎时还会释放能量。救援人员一定要注意这些情况。

破窗器是最好的工具，而且也可以采用多种方法

- **破碎时，在玻璃下方放置一块垫子。**用薄膜盖住碎玻璃，对所有玻璃进行妥善处理后，将薄膜和碎玻璃从风险区域一起移除。
- **如果车门可以打开**（无须使用液压工具）**，则应打开车门。**也就是从远离伤者的一侧破碎玻璃。
- **尽可能将车窗降至车门内，并用覆盖物盖住剩余的玻璃。**这样玻璃破碎时，大多数碎玻璃会留在车门内，使用覆盖物也会防止玻璃不受控地飞溅。

车身着地（侧翻）或车顶着地（倒立）的车辆

对于车辆侧面或车顶着地的情况，可采取同样的操作。

切记，车辆侧翻时，上面车门中的玻璃在伤者和医护人员上方，可能会对他们造成伤害。在处理这种玻璃时务必小心，要确保伤者和医护人员得到充分保护，不被玻璃伤害。

玻璃破碎和处理（钢化玻璃）

目的：根据既定救援计划和伤者的情况对所有车辆玻璃进行妥善管理

完成时间	最低人数	培训周期	设备	相关方位
2 min 以内	2 名（消防救援团队成员）	在每次培训期间完成	破窗器、玻璃碎片保护罩、硬保护、软保护	

方法：

钢化(或"强化")玻璃通常用于除挡风玻璃(夹层玻璃)外的所有车窗中。钢化玻璃破碎时会释放能量，产生玻璃颗粒和玻璃碎屑。

如果不得不打碎玻璃，要确保不在地面或车内留下玻璃碴。务必使用玻璃碎片保护罩来收集车内外的玻璃颗粒。可采用以下方案。

- **对于车窗玻璃，可将玻璃降至车门内，只留下一小部分，**将其盖住并用破窗器打碎。这样大多数玻璃颗粒会留在车门里面。
- **对于其他玻璃，在车内使用软保护膜。**用破窗器（在挡风玻璃角落处）打碎玻璃，使用软保护膜伸入车内盖住挡风玻璃这样可以将所有玻璃移到车外

安全和一般注意事项：

玻璃破碎操作会在现场产生玻璃碎片和碎屑，因此必须保护救援人员和伤者免受其害。

现场指挥者应谨记以下几点。

- **所有人员都要佩戴呼吸防护装置。**
- **避免使用水，以将玻璃碎片和碎屑的影响降至最低，**因为玻璃碎片和碎屑将通过水传播，而非空气传播。如果没有得到充分的保护，这种受污染的水可能会流入伤者的开放性伤口中。
- **使用硬保护和软保护来保护伤者。**
- **玻璃破碎前发出口头警告**

关于伤者的考虑因素：

救援过程进入玻璃破碎阶段后，必须采用软保护（如伤者保护罩）来覆盖伤者，而且如果未给伤者输氧，应安排伤者佩戴合适的呼吸防护装置。

持续汇报并更新伤者情况。拆除玻璃后，伤者便暴露在外，应尽量减少外界环境对其的影响

关于院前急救的注意事项：

在玻璃破碎阶段，可能会产生噪声、玻璃碎屑和碎片。院前急救必须穿戴合适的个人防护装备(包括呼吸防护装置)，并确保伤者也受到保护。使用软保护（如伤者保护罩）可确保玻璃碎片不会伤害伤者。

切记，拆除玻璃会使伤者暴露在外界环境中。请提醒消防救援团队尽最大努力给伤者做好保暖措施，如非必要，切勿拆除玻璃

玻璃破碎和处理（夹层玻璃）

目的：根据既定救援计划和伤者的情况对所有车辆玻璃进行妥善处理。

责任人：技术救援团队的成员。

合理妥善地完成现场的玻璃破碎，不仅要考虑既定救援计划，还要考虑伤者的受伤情况。也就是说，不能再像以前一样简单地拆除所有玻璃，而是采取更合乎逻辑和有组织的方式。我们应该把保护伤者不受环境伤害放在第一位，而且应该意识到环境因素可能严重影响伤者的身体状况。因此，我们应尽可能确保玻璃破碎过程中不会使伤者暴露在低温或风雨环境中。

夹层玻璃的处理是一项有挑战的工作，因为必须对其进行切割处理。切割时会产生玻璃粉尘（二氧化硅），所以在玻璃破碎处理时，所有救援人员和伤者应佩戴合适的呼吸防护装置。现代车辆的挡风玻璃多是夹层玻璃。但是，现在越来越多的车辆选择在其他位置安装夹层玻璃，以提高安全性。如果不能立即打开车门，就应当制订一个通过车窗快速救援伤者的计划，同时要注意车辆使用的大部分是夹层玻璃。

现代工艺的夹层玻璃采用了黏合工艺，如果不进行切割，则无法拆除。

车身着地（侧翻）或车顶着地（倒立）的车辆

对于车辆侧面或车顶着地的车辆，可采取同样的操作。

切记，如果侧翻车辆全方位采用夹层玻璃，则上面车门中的玻璃位于伤者和医护人员上方，可能会对他们造成伤害。在处理这种玻璃时务必小心，要确保伤者和救护人员得到充分保护，不被玻璃伤害。

如非必要，请勿切割夹层玻璃。

玻璃破碎和处理（夹层玻璃）

目的：根据既定救援计划和伤者的情况对所有车辆玻璃进行妥善处理

完成时间	最低人数	培训周期	设备	相关方位
2 min 以内	2 名（消防救援团队成员）	在每次培训期间完成	破窗器、玻璃碎片保护罩、硬保护、软保护	

方法：

夹层玻璃通常用于制作挡风玻璃，但现在越来越多的车窗也使用夹层玻璃，在救援过程中尽可能避免切割夹层玻璃。但是，如果有必要，可以考虑采用以下方案。

使用玻璃切割锯（如 LUKAS 手动切割锯）先在挡风玻璃上开一个孔，然后用电动救援锯进行必要的切割。切记，手动切割锯是反手型切割锯。完成上述步骤并向救援团队成员通报情况后，应全面进行内部评估

安全和一般注意事项：

玻璃破碎操作会在现场产生玻璃碎片和碎屑，因此必须保护救援人员和伤者免受其害。

现场指挥者应谨记以下几点。

- **尽可能避免切割夹层玻璃。**
- **所有人员佩戴呼吸防护装置。**
- **避免使用水，以便将玻璃碎片和碎屑的影响降至最低，**因为玻璃碎片和碎屑通过水传播，而非空气传播。如果没有得到充分的保护，这种受污染的水可能会流入伤者的开放性伤口中。
- **使用硬保护和软保护**来保护伤者。
- 执行玻璃破碎前**发出口头警告**

关于伤者的考虑因素：

救援过程进入玻璃破碎阶段后，必须采用软保护（如伤者保护罩）来覆盖伤者，而且如果未给伤者输氧，应安排伤者佩戴合适的呼吸防护装置。

持续汇报并更新伤者情况。破碎玻璃后，伤者便暴露在外，应尽量减少外界环境对其的影响

关于院前急救的注意事项：

在玻璃破碎阶段，可能会产生噪声、玻璃碎屑和碎片。

院前急救必须穿戴合适的个人防护装备（包括呼吸防护装置），并确保伤者也受到保护。使用软保护（如伤者保护罩）可确保玻璃碎片不会伤害伤者。

切记，拆除玻璃会使伤者暴露在外界环境中。请提醒消防救援团队尽最大努力给伤者做好保暖措施，如非必要，切勿拆除玻璃

微信扫描二维码关注
“艾迪斯鼎力科技”公众号
观看本页操作视频

扩张后排座椅靠背

目的：将后排座椅靠背推入后备厢，方便救援人员从车辆后部进出。

责任人：消防救援团队的成员。

可分离式后排座椅（通常是为了提高车辆装载能力）的设计可方便消防救援人员进行扩张操作。操作液压扩张器时，一侧扩张头抵住车顶，另一侧扩张头抵住后排座椅靠背，将后排座椅靠背推入汽车后备厢，以此来增加进入车辆后部的空间。这个例子展示了如何利用液压破拆工具来创造内部空间，当必须从车身着地或车顶着地的车辆的后部进入车内时，这种方法尤其有效。

在救援过程中，很多情况下总是将座椅靠背向前推，但是这样会妨碍前排座椅倾斜，可能影响救援计划。

扩张器放置位置十分重要，在扩张座椅时，扩张器的扩张头应沿着座椅靠背放置在座椅长度约三分之一的位置。如果未正确定位，座椅会轻易弹回，无法完成扩张。

完成扩张后，可以使用撑顶器将座椅进一步推入汽车后备厢。

车身着地（侧翻）或车顶着地（倒立）的车辆

对于车身着地或车顶着地的车辆，可以采取同样的操作。切记，车内的散落物品可能会掉落并影响伤者和救援人员。

扩张后排座椅靠背

目的：将后排座椅靠背推入后备厢，方便救援人员从车辆后部进出

完成时间：	最低人数：	培训周期：	设备：	相关方位：
1 min 以内	2 名（消防救援团队成员）	每月	液压扩张器，硬保护	

方法：

液压扩张器是创造内部空间的有效工具。后备厢被打开后，后排座椅可以向后扩张到后备厢中，方便救援人员进入车内。这种方法对于 60/40 分开式可折叠后排座椅靠背效果最佳。

- **使用液压扩张器，使顶部扩张头抵住后车顶，**底部扩张头抵住后排座**椅靠背**。将底部扩张头放置在座椅长度约三分之一的位置，扩张头靠近车辆外侧。
- **座椅变形后可增加进入空间**。
- **扩张器越大，效率越高，也可以使用垛式支架来缩短车顶与座椅之间的间隔**。使用液压撑顶器进一步移动座椅，可以创造更多空间

安全和一般注意事项：

在车内和伤者附近使用液压工具时需要密切监测，现场指挥者应记住以下几点。

- **使用硬保护和软保护来保护伤者**。
- 使用液压破拆救援工具前**发出口头警告**。
- 操作完成后**包住所有锐边**

关于伤者的考虑因素：

在使用液压工具时，保护伤者免受碎片飞溅的影响。持续汇报并更新伤者情况

关于院前急救的注意事项：

扩张后排座椅时需要在伤者附近使用液压工具。操作前须向伤者介绍情况，确保充分保护伤者。

如果担心自身或伤者的安全，应立即停止操作。操作完成后，对伤者重新进行评估

微信扫描二维码关注
“艾迪斯鼎力科技”公众号
观看本页操作视频

移除后排座椅靠背

目的：移除后排座椅靠背，方便救援人员从车辆后部进出。

责任人：消防救援团队的成员。

可分离式后排座椅（通常是为了提高车辆装载能力）的设计可方便消防救援人员进行扩张操作。可以将其完全移除，增加车辆内部空间，方便救援人员从车辆后部进入。可以将液压扩张器或剪扩器插入座椅靠背底部并露出固定栓。露出固定栓后，进行扩张（直到固定栓失去作用），或者直接对固定栓进行剪切。在操作完成后，通常可以将座椅靠背提起，轻松拆除。

在救援过程中，很多情况下总是将座椅靠背向前推，但是这样会妨碍前排座椅倾斜，可能影响救援计划。

车身着地（侧翻）或车顶着地（倒立）的车辆

对于车身着地或车顶着地的车辆，可以采取同样的操作，切记，车内的散落物品可能会掉落并影响伤者和急救人员。

移除后排座椅靠背

目的：移除后排座椅靠背，方便救援人员从车辆后部进出

完成时间	最低人数	培训周期	设备	相关方位
2 min 以内	2 名（消防救援团队成员）	每月	液压扩张器，硬保护	

方法：

液压扩张器是创造内部空间的有效工具。后备厢被打开后，后排座椅可以被整体移除，方便人员进出。这种方法对于 60/40 分开式可折叠后排座椅靠背效果最佳。

- 使用液压扩张器，将扩张头插入后排座椅靠背底部 60/40 分开式可折叠后排座椅的接合处。
- **张开扩张器，露出后排座椅固定栓。**
- 可以通过继续扩张、剪切或两者结合的方式**拆除座椅靠背**

安全和一般注意事项：

在车内和伤者附近使用液压破拆救援工具时需要密切监测，现场指挥者应记住以下几点。

- **使用硬保护和软保护**来保护伤者。
- 使用液压破拆救援工具前**发出口头警告。**
- 操作完成后**包住所有锐边**

关于伤者的考虑因素：

在使用液压工具时，保护伤者免受碎片飞溅的影响。持续汇报并更新伤者情况

关于院前急救的注意事项：

移除后排座椅时需要在伤者附近使用液压工具。操作前须向伤者介绍情况，确保充分保护伤者。

如果担心自身或伤者的安全，应立即停止操作。操作完成后，对伤者重新进行评估

微信扫描二维码关注
“艾迪斯鼎力科技”公众号
观看本页操作视频

移动仪表盘（顶升和转动）

目的：车辆发生正面碰撞后在伤者受困时移动仪表盘。

责任人：消防救援团队的成员。

对许多消防救援人员而言，救援过程中移动仪表盘已经成为一种习惯。从统计数据来看，大多数车辆事故中，两辆车之间会存在正面“偏移”碰撞，因此了解碰撞过程和救援方法至关重要。

高速撞击（即使是对于新式大型车辆）通常会导致前排乘客的脚被卡在脚部空间，或造成乘客的腿甚至骨盆部位受困。在最严重的情况下（车辆朝驾驶员方向侧翻），方向盘也可能“卡住”乘客。此时需要将门整体拆除，然后对情况进行全面评估。

切记，此时应首先考虑最简单的操作方案。能否后移座位，能否拆下方向盘？如果这两种方案均无法实现，则必须移动仪表盘。

在训练时，要求至少将仪表盘移动 91 cm。这样说虽然有点儿夸张，但是，在训练环境中移动仪表盘和在实际救援期间的操作大相径庭。切记，如需解决机械受困，只需腾出伤者周围的一小片范围即可。这意味着仪表盘的移动距离可能只需 10 cm 左右。当然，移动距离越大对救援越有利，但必须保证移动过程不耽误伤者的医疗救治。

“救援”和“训练”的另一个主要区别是，训练时通常是在一辆未受损的车上移动仪表盘。因此，移动仪表盘是使其从初始位置移动到另一个位置，这本质上是“过度扩张”。这样需要更长的撑顶器，对于实际救援操作而言，这完全不现实。训练过程中需要将仪表盘移向其原始（出厂）位置，但我认为在实际救援时没有必要将它移回碰撞前的位置。

切记，我们平时在训练过程（在未受损的车辆上）中必须克服的许多高强度区域在碰撞后强度会受到影响，因此在救援现场，这些地方的阻力会小得多。培训人员经常说通过剪切中央加强件（连接仪表盘和变速器区域）来降低该区域的强度，但根据我剪切碰撞后受损汽车的经验来看，碰撞后此处的强度通常会大大降低。

对于仪表盘移动操作，应时刻注意训练和救援之间的区别，必须认识到两者的目标不同，应采用两种不同的思维方式。

无论是进行仪表盘顶升还是转动操作，非常关键的一点是找出压力尚未释放的区域。撞击会造成车辆损坏，因此在移动仪表盘的过程中，可能会剪切压力尚未释放的区域，在使用扩张器或撑顶器之前应确定需要采取哪些操作。

多数情况下都需要移动仪表盘，具体的移动方式、时间以及移动范围完全取决于消防救援人员对伤者、车辆和环境的评估。

车身着地（侧翻）或车顶着地（倒立）的车辆

对于车身着地或车顶着地的车辆，伤者被仪表盘困住的情况比较少见。然而，这并不代表不会发生，而且在技术层面上可以预见可能会发生。虽然在车辆侧翻或翻转的情况下也能移动车辆仪表盘，但还是应该考虑将车辆扶正后再移动。

移动仪表盘（顶升）

目的：车辆发生正面碰撞后在伤者受困时移动仪表盘

完成时间	最低人数	培训周期	设备	相关方位
5 min 以内	2 名（消防救援团队成员）	每月	液压剪切器、扩张器、硬保护、软保护、玻璃破碎器组套	

方法：

如果正面碰撞后仪表盘、方向盘和腿部空间导致人员受困，可通过仪表盘顶升在伤者周围创造空间。

- **拆除前门和外翼**（挡泥板），**在悬架支柱和前隔板之间的内翼**（挡泥板）上进行剪切。
- **在 A 柱下部进行两次垂直剪切，移动腿部空间**。分别在靠近门槛处和仪表盘正下方进行剪切。可能需要多次剪切以降低该区域强度。
- **从距 A 柱顶部约 20 cm 处进行剪切，并将挡风玻璃切割至约一半的宽度，插入液压扩张器**（进入移动腿部空间后所产生的空间）。
- **与车辆成 90° 时缓慢张开扩张器**进行仪表盘顶升操作

安全和一般注意事项：

在车内和伤者附近使用液压工具时需要密切监测，现场指挥者应记住以下几点。

- **首先考虑采取最简单的操作**。向后移动座椅或移动方向盘能否提供所需的空间。
- **在进行任何移动操作之前，确定是否有因腿部空间**引起的受困或刺穿。
- **剪切前拆除所有车辆内饰材料**。
- **剪切前在 A 柱与 B 柱之间放置一个液压撑顶器**。这样可以防止仪表盘在剪切时移动。
- **当用定位扩张器进行顶升操作时，稍微抬起**扩张器后端，便于实现垂直顶升。
- **使用硬保护和软保护**来保护伤者。
- 使用液压破拆救援工具前发出**口头警告**。
- 操作完成后**包住所有锐边**

关于伤者的考虑因素：

使用液压工具时，保护伤者免受碎片飞溅的影响。持续汇报并更新伤者情况。

如果伤者被仪表盘卡住，确保在医护人员指导下进行移除，通常只需小幅顶升就可以使伤者脱困

关于院前急救的注意事项：

在机械被困情况下，从伤者周围移除任何部件都需要消防救援人员和医护人员的密切监测。仪表盘移动过程中需要在车内伤者附近使用液压工具。操作前应向伤者介绍情况，确保伤者得到充分保护。如果担心自身或伤者的安全，应立即停止操作。操作完成后，重新评估伤者情况

微信扫描二维码关注
“艾迪斯鼎力科技”公众号
观看本页操作视频

移动仪表盘（转动）

目的：正面碰撞后伤者受困时移动仪表盘

完成时间	最低人数	培训周期	设备	相关方位
5 min 以内	2 名（消防救援团队成员）	每月	液压剪切器、扩张器、撑顶器、撑顶器支架、硬保护、软保护、玻璃破碎器组套	

方法：

如果正面碰撞后仪表盘、方向盘和腿部空间导致乘员受困，可通过使仪表盘转动在伤者周围创造空间。

- **拆除所有车辆内饰材料，将液压撑顶器插入 B 柱和 A 柱**之间，使撑顶器底座位于 B 柱底部与门槛相接的位置。撑顶器以 45° 左右伸出，接触 A 柱与挡风玻璃底部拐角处弯曲的位置。
- **拆除前门后，在 A 柱下部进行剪切**。可能需要多次剪切才能充分降低强度。
- **在 A 柱上部约二分之一处**进行剪切，将挡风玻璃切割至约一半宽度。
- **慢慢伸出撑顶器，**使仪表盘向前转动

安全和一般注意事项：

在车内和伤者附近使用液压工具时需要密切监测，现场指挥者应记住以下几点。

- **首先考虑采取最简单的操作，**向后移动座椅或移动方向盘能否提供所需的空间。
- **在进行任何移动操作之前，确定是否有腿部空间造成的任何受困或刺穿。**
- 在剪切之前，**拆除所有车辆内饰材料。**
- **在剪切之前，在 A 柱和 B 柱之间放置一个液压撑顶器。**这样可以防止仪表盘在剪切时移动。
- **在仪表盘转动过程中，车辆前部将向前和向下倾斜，底板将轻微上升，**在此过程中保持密切监测。
- **使用硬保护和软保护**来保护伤者。
- 使用液压破拆救援工具前**发出口头警告。**
- 操作完成后**包住所有锐边**

关于伤者的考虑因素：

使用液压工具时，保护伤者免受碎片飞溅的影响。持续汇报并更新伤者情况。

如果伤者被仪表盘卡住，确保在医护人员指导下进行转动操作，通常只需小幅移动就可以使伤者脱困

关于院前急救的注意事项：

机械被困情况下，从伤者周围移除任何部件都需要消防救援人员和医护人员的密切监测。

仪表盘移动过程中需要在车内伤者附近使用液压工具。操作前应向伤者介绍情况，确保伤者得到充分保护。如果担心自身或伤者的安全，应立即停止操作。

操作完成后，重新评估伤者情况

拆除 B 柱

目的：拆除 B 柱，便于拆除车辆整侧。

责任人：消防救援团队的成员。

B 柱是现代车辆结构中最坚固的部分，同时为乘客舱提供了极好的保护，且可以使用液压剪切器将其轻松拆除，便于急救人员从侧面进入车内进行救援。B 柱拆除操作很简单，但必须避开强度较大的区域，如安全带固定点、螺栓销和安全系统（安全带预收紧装置和气囊充气气缸）。

牢记拆除 B 柱的原因，便于从侧面进入车内进行救援，参照伤者座椅的高度在B柱下部进行初始剪切。我经常看见很多消防救援人员在B柱底部进行剪切，此处轮廓最宽（因此需要多次剪切），而且通常安全系统（如安全带预收紧装置）也在此处。如果以伤者座椅的高度为参照进行剪切，那么切口位置会更高。这样剪切位置既不在安全带预收紧装置区域，而且此处 B 柱的轮廓略窄，剪切次数也会相应减少。

B 柱（与 A 柱、C 柱类似）可能会有检修孔（非实心结构），剪切时可以充分利用这些检修孔，将液压剪切器刀片插入这些检修孔内，降低打滑概率，对于宽轮廓面上的剪切尤其适用。

在剪切 B 柱顶部时，一般会在尽可能高的地方进行一刀剪切。许多人可能会在车顶纵梁上进行“V”形剪切。但是，某些车辆可能在该区域装有气囊充气气缸。此外，一刀剪切通常比“V”形剪切更安全、便捷、快速。

人们通常认为，应该首先剪切 B 柱下部，因为如果先剪切顶部，当剪切底部时，B 柱可能会移向伤者并对其造成伤害。这两种剪切方式我都尝试过，其影响可以忽略不计。

车身着地（侧翻）或车顶着地（倒立）的车辆

对于车顶着地的车辆，可采取同样的操作。切记，车辆结构不会改变。车顶着地车辆的 B 柱底部已位于最上方区域。

拆除 B 柱

目的：拆除 B 柱，便于拆除车辆整侧

完成时间	最低人数	培训周期	设备	相关方位
2 min 以内	2 名（消防救援团队成员）	每月	液压剪切器、硬保护、软保护	

方法：

拆除 4 门车辆的侧面为伤者提供了快速、及时的救援途径，并最大限度地减少其脊柱和骨盆移位情况。此外，还可为后座乘客提供救援路径。拆除两扇车门。

- **拆除所有车辆内饰材料**。
- 避开着力区域、安全带固定点和安全带预收紧装置，**在 B 柱底部确定合适的剪切区域**。
- **在 B 柱底部进行适当的剪切**。
- 避开可能的气囊充气装置、着力点和安全带固定点，**在 B 柱顶部确定合适的剪切区域**。
- **在 B 柱顶部进行适当的剪切**，确保 B 柱处于受控状态，并在剪切完成后将其拆除

安全和一般注意事项：

在车内和伤者附近使用液压工具时需要密切监测，现场指挥者应记住以下几点。

- **剪切前拆除所有车辆内饰材料**。
- **确定并避开**所有硬化部件和安全系统。
- **使用硬保护和软保护**来保护伤者。
- 使用液压破拆救援工具前**发出口头警告**。
- 操作完成后**包住所有锐边**

关于伤者的考虑因素：

使用液压工具时，保护伤者免受碎片飞溅的影响。持续汇报并更新伤者情况。如果伤者被 B 柱困住，确保在医护人员指导下进行拆除。拆除车辆侧面后，伤者便暴露在外，应尽量减少环境对其的影响

关于院前急救的注意事项：

B 柱拆除操作需要在车内伤者附近使用液压工具。操作前应向伤者介绍情况，确保伤者得到充分保护。如果担心自身或伤者的安全，应立即停止操作。

操作完成后，重新评估伤者情况

微信扫描二维码关注
"艾迪斯鼎力科技"公众号
观看本页操作视频

断开 B 柱 / 拆除整侧

目的：断开 B 柱，便于拆除车辆整侧。

责任人：消防救援团队的成员。

毫无疑问，与老式车辆相比，现代车辆的 B 柱不易断开 / 破开。现代车辆的 B 柱更坚固、更坚硬，剪切时可能释放压力，对周围人员造成伤害，影响救援。

为了尽快救出伤者，建议在拆除侧面时要分别拆除两个车门和 B 柱（如上所述）。对于老式车辆而言，拆除 B 柱仍是一种行之有效的方法。

断开 B 柱时，初次卸压切口方向必须与汽车底槛平行，否则不易断开，因为通常汽车底槛会先裂开，而非 B 柱底部。在此情况下，切勿继续扩张，应先进一步剪切，然后再进行后续操作。

车顶着地（倒立）的车辆

对于车顶着地的车辆，可采取同样的操作。切记，车辆结构不会改变。车顶着地车辆的 B 柱底部此时已位于最上方区域。

断开 B 柱 / 拆除整侧

目的：断开 B 柱，便于拆除车辆整侧

完成时间	最低人数	培训周期	设备	相关方位
4 分钟以内	2 名 （消防救援团队成员）	每月	液压剪切器、液压扩张器、硬保护、软保护	

方法：

尽管由于现代车辆的结构比较坚固，很难使 B 柱断开或破开，但这仍然是一种有效的方法，如果计划从后部开始拆除 4 门车辆侧面，也可以采用这种方法。

打开后门的操作如下。

- **拆除所有车辆内饰材料。**
- **使用液压剪切器或螺栓剪剪切后门上的限制带**（也称“挡风条”）。车门限制带是限制车门张开角度的铰链之间的金属片。
- **向后推车门，并在 B 柱底部进行卸压剪切。**确保剪切方向平行于汽车底槛，识别并避免所有危险。
- **将扩张器放置在**后排座椅底座和 B 柱减压切口上方之间，或汽车底槛和后门底部之间。
- **张开扩张器，扩开初始切口使该结构撕开或断开。**
- **当 B 柱底部与汽车底槛分离时，在 B 柱顶部确定一个合适的剪切区域，**避开潜在的气囊充气装置、着力点和安全带固定点。
- **一旦 B 柱从车辆上被拆除，**就将车辆侧面从前门铰链处打开，并固定到位

关于伤者的考虑因素：

B 柱断开操作需要在车内伤者附近使用液压工具。操作前应向伤者介绍情况，确保伤者得到充分保护。如果担心自身或伤者的安全，应立即停止操作。操作完成后，重新评估伤者情况

安全和一般注意事项：

在车内和伤者附近使用液压工具时需要密切监测，现场指挥者应记住以下几点。

- **剪切前拆除所有车辆内饰材料。**
- **使用硬保护和软保护**来保护伤者。
- 使用液压破拆救援工具前**发出口头警告。**
- **如果剪切 B 柱底部时的初始切口不正确，可能会导致汽车底槛裂开。**如果发生这种情况，应该在结构上进行剪切。
- **操作完成后，**包住所有锐边 。
- **为了不损坏高压电池，**切勿扩张后排座椅底座

关于院前急救的注意事项：

使用液压工具时，保护伤者免受碎片飞溅的影响。持续汇报并更新伤者情况。如果伤者被 B 柱困住，确保在医护人员指导下进行拆除。使用液压工具后，应重新评估伤者。拆除车辆侧面后，伤者便暴露在外，应尽量减少环境对其的影响

微信扫描二维码关注
“艾迪斯鼎力科技”公众号
观看本页操作视频

整侧移除“蝶式技术”

目的：拆除翻转后的5门车辆的侧面。

责任人：消防救援团队的成员。

“蝶式技术”是拆除翻转后的5门车辆侧面的替代性方案。这是一个复杂的程序，需要经常练习。这在老式车辆上比较容易操作，需要在汽车底槛（汽车底框下边梁）上进行深度卸压剪切，并且剪切后必须确保足以降低结构内的强度。如果剪切不彻底，当消防团队成员试图将车辆一侧顶升时，会遇到阻力，不得不重新剪切。

我建议在伤者准备撤离之前再迅速顶升车辆侧面。这样可以防止不必要的暴露。侧面顶升完成后，我建议将其固定到位。拆除车顶着地的车辆侧面不仅为急救人员提供了可能的救援路径，还为设备提供了入口。

理论上，对于侧翻车辆也可拆除整个侧面，但是在车顶着地的车辆上进行上述操作会更安全、更快捷。

切记，如果有机会将车辆翻转并练习整侧拆除操作，在将车翻转之前，关闭并锁上所有车门。如果在翻转过程中打开车门，那么在翻转完成后，车门就很难关闭，会影响后续操作。

整侧移除“蝶式技术”

目的：拆除翻转后的5门车辆的侧面

完成时间	最低人数	培训周期	设备	相关方位
5 min以内	3名（消防救援团队成员）	每月	液压剪切器、液压扩张器、硬保护、软保护	

方法：

“蝶式技术”是一种移除翻转后的5门车辆整个侧面的方法，可为救援人员、设备提供进入车辆入口，还可以提供合适的救援途径。

两扇车门都关闭且B柱已拆除内饰材料的操作如下。

- **移除外翼**（挡泥板）并露出铰链。
- **扩张或剪切铰链**和限制带。
- **在靠近B柱底部的底槛**（门框下边梁）上开一个大的卸压切口。
- **打开后门。**
- **在B柱底部（此时底部在最上面）的后部开第二个卸压切口。**
- **剪切B柱顶部，**确保避开所有硬质结构。
- **小心顶升B柱和两扇车门，从车辆下部顶升**[①]

关于伤者的考虑因素：

使用液压工具时，保护伤者免受碎片飞溅的影响。持续汇报并更新伤者情况。

使用液压工具后，应重新评估伤者情况。拆除车辆侧面后，伤者便暴露在外，应尽量减少环境对其的影响

安全和一般注意事项：

在车内和伤者附近使用液压工具时需要密切监测，现场指挥者应记住以下几点。

- 剪切前**拆除所有车辆内饰材料。**
- **执行玻璃破碎操作前，所有人员应佩戴呼吸防护装置。**
- 如果有多个液压剪切器可用，**则同时进行剪切，**以节省救援时间。
- **使用硬保护和软保护**来保护伤者。
- 使用液压破拆救援工具前**发出口头警告。**
- 操作完成后，**盖住所有锐边**

关于院前急救的注意事项：

拆除侧面时需要在车内伤者附近使用液压工具。操作前应向伤者介绍情况，确保伤者得到充分保护。如果担心自身或伤者的安全，应立即停止操作。

操作完成后，重新评估伤者情况。拆除侧面后会使伤者暴露在外界环境中。确保拆除时机合适，避免使伤者过早暴露在外

微信扫描二维码关注
“艾迪斯鼎力科技”公众号
观看本页操作视频

① 如果B柱和车门难以顶升，则重新检查减压切口，继续进行剪切。

撑顶复位（改造）

目的：改造车身形状以创造内部空间和救援被机械卡困的伤者。

责任人：消防救援团队的成员。

撑顶复位也称“改造”，是用液压撑顶器将车辆结构推回到接近原始形态的某个位置，以创造空间和救援被卡困的伤者，例如，车辆在发生重大的侧面撞击后。如果不能在存在这些损坏的车辆上进行培训，就无法精进相关破拆救援技术。

根据我的经验，消防救援人员撑顶复位实践操作严重不足，他们通常不太熟练此类操作，对使用这种技术也缺乏信心。究其原因是因为训练中缺乏实际受损的车辆，无法加强撑顶复位练习。

加强破拆救援技术方面的练习十分重要，消防救援人员通过练习可以熟悉车内的着力点。撑顶复位期间最常见的错误是液压撑顶器放置位置不正确，导致效果欠佳。消防救援人员应该了解液压撑顶器的正确放置位置，这样才能使操作更加安全、快捷和轻松。

不要试图用木制或塑料支架作为撑顶器底座，这样做只会浪费时间，起不到任何作用，因为这种支架根本起不到稳定作用。了解车辆结构是安全且成功地实施这项技术的关键。

我们应该尽量使用机械损坏的车辆，提供更切实的培训环境。或者，询问训练用车的供应商能否提供模拟车辆受损状态的训练用车。

液压撑顶器通常仅用于仪表盘转动操作。我们必须对液压撑顶器的使用更有信心。

切勿从电动汽车底盘处进行撑顶操作，否则会损害高压电池。当电动或混动汽车倒立或侧翻时，**切勿**撑顶电池所在区域（参见汽车紧急响应指南）。

对于车身着地或车顶着地的车辆，可采取同样的操作（切记，车辆结构不会改变）。

撑顶复位（改造）

目的：改造车身形状以创造内部空间和救援被机械卡困的伤者

完成时间	最低人数	培训周期	设备	相关方位
2 min 以内	2 名（消防救援团队成员）	每月	液压撑顶器、撑顶器支座、硬保护、软保护	

方法：

撑顶复位（改造）是一种车辆乘客舱变形后创造内部空间的方法（如车辆与树的侧面碰撞）。

使用液压撑顶器来恢复车辆形状也是一种解除被机械卡困的方法。

拆除所有内饰材料的操作如下。

- **确定**需要移动的**车辆结构**。
- **在车辆结构中，找出一个着力区域，**将该区域作为着力点。
- **确定要定位的液压撑顶器的实心底座。**
- **上述工作准备好后，伸开液压撑顶器，确保液压撑顶器防滑齿头接触**先前确定的**着力区域。**
- **缓慢伸出液压撑顶器，**确保车辆结构按照要求进行移动

安全和一般注意事项：

在车内和伤者附近使用液压工具时需要密切监测，现场指挥者应记住以下几点。

- **撑顶前拆除所有车辆内饰材料，切勿将液压撑顶器防滑齿头放在未经危险检查的结构上。**
- **使用硬保护和软保护**来保护伤者。
- 使用液压救援工具前**发出口头警告。**
- **避免使用木块作为撑顶器底座。**它们通常不稳定，并且会导致撑顶器滑动。
- **切记，座椅**（底座）**可用作撑顶底座，**因为压下泡沫坐垫后，底座会很牢固。
- **切勿在电动汽车底盘撑顶，**否则会损坏高压电池。切勿撑顶混合动力电池所在的区域（参见汽车紧急响应指南）。
- **如果液压撑顶器必须重新定位，则存在结构“回弹”的风险。**如果出现了这种情况，并且有伤害伤者的风险，则需要使用其他液压撑顶器。
- 操作完成后**包住所有锐边**

关于伤者的考虑因素：

使用液压工具时，保护伤者免受碎片飞溅的影响。持续汇报并更新伤者情况。

如果伤者被卡困，确保在医护人员指导下进行撑顶复位操作，通常只需要小幅移动就可以使伤者脱困。使用液压工具后，应重新评估伤者情况

关于院前急救的注意事项：

撑顶复位（改造）时需要在车内伤者附近使用液压撑顶器。操作前应向伤者介绍情况，确保伤者得到充分保护。如果担心自身或伤者的安全，应立即停止操作。操作完成后，重新评估伤者情况

微信扫描二维码关注
“艾迪斯鼎力科技”公众号
观看本页操作视频

车顶移除 / 车顶翻折 / 车顶向下翻折

微信扫描二维码关注
“艾迪斯鼎力科技”公众号
观看本页操作视频

目的：移除车顶，以全面接近伤者。

责任人：消防救援团队的成员。

多年来，车顶的移除一直是车辆救援的基本内容，如果能够安全且相对快速地完成，那么这将是全面接近伤者的最佳方法，尤其是对于体型较大（肥胖）的伤者。然而，近年来，这种做法的有效性受到质疑，许多人会问是否有必要完全拆除（甚至翻折）现代（当代）车辆的车顶来救援伤者。随着越来越多的汽车采用高车顶设计（SUV 和 4×4），一些现代汽车的轮廓高度与 10 年前不同。在某些情况下，利用这种结构，可以有充分的内部空间来救援伤者，而根本不需要移除或翻折车顶。然而，最终的救援空间不仅仅是为伤者创造空间，还必须为救援团队创造足够的空间，以便采用安全的手动操作技术救援伤者。

最终救援路径取决于我们之前讨论过的几个因素，只有现场救援人员能决定哪种措施最合适。然而，我们应对可用的方案持开放的态度，并认识到即使伤者受伤的程度需要全面移动车顶，这也可能不是最有效的方法。

如果车顶的移除是首选的救援路径，那么需要进行相当密集的操作，并且往往需要若干剪切以及大量的准备工作（如拆除车辆内饰材料）。因此，应确保同时操作，尽量节省救援时间。

移除车顶会使伤者暴露在环境中，应该保护其免受恶劣天气的影响。应选取合适的时机移除车顶，这样既可避免伤者过早暴露在外界环境中，也便于与计划的救援阶段一致。

车身着地（侧翻）或车顶着地（倒立）的车辆

可以在任何方向的车辆上使用不同方法移除车顶。切记，车辆结构不会改变。

车顶移除

目的：移除车顶，以全面接近伤者

完成时间	最低人数	培训周期	设备	相关方位
8 min 以内	4 名（消防救援团队成员）	每月	液压剪切器、硬保护、软保护	

方法：

完全移除车顶是创造最终救援路径的一种方法。如果与车辆侧面一起移除，则会产生更大的救援空间，救援人员可以最大限度地接近待救援的肥胖伤者。此过程需要剪切 A 柱、B 柱、C 柱和 D 柱（如适用）以及挡风玻璃。拆除所有内饰材料后进行以下操作。

- **确定要剪切的车柱的正确顺序**（通常最后剪切距离伤者最近的 B 柱）。
- **尽可能低地剪切每个车柱。**
- **尽可能低地切割夹层挡风玻璃（与 A 柱水平相同）。**
- **避开可能的气囊充气装置**、着力点和安全带固定点。
- **在进行剪切时**，消防救援人员应为车顶提供支撑，确保其不会掉落危及伤者和其他团队成员。
- **在进行最后一处剪切时**，人员应确保车顶的全部重量处于受控状态，一旦车顶脱离车身，应快速将其从车辆后部移开

安全和一般注意事项：

在车内和伤者附近使用液压工具时需要密切监测，现场指挥者应记住以下几点。

- 剪切前**拆除所有车辆内饰材料。**
- **执行玻璃破碎操作前，所有人员佩戴呼吸保护装置。**
- **如果有多个液压剪切器**，可以同时进行剪切操作以节省时间。
- **如果有往复锯，考虑将其用于 C 柱和 D 柱的切割上。**
- **如果使用往复锯，应远离伤者进行切割。**
- **使用硬保护和软保护**来保护伤者。
- 使用液压工具前**发出口头警告。**
- 操作完成后**盖住锐边**

关于伤者的考虑因素：

使用液压工具时，保护伤者免受碎片飞溅的影响。持续汇报并更新伤者情况。

使用液压工具后，应重新评估伤者情况。移除车顶后，伤者便暴露在外，应尽量减少环境对伤者的影响

关于院前急救的注意事项：

车顶移除需要在车内靠近伤者的地方使用液压工具。操作前应向伤者介绍情况，确保伤者得到充分保护。如果担心自身或伤者的安全，应立即停止操作。

车顶移除完成后，重新评估伤者情况。车顶移除后，伤者将暴露在环境中，确保拆除时机合适，避免伤者过早暴露在外

车顶翻折

目的：车辆四轮着地情况下翻折车顶，提供全面救援通道

完成时间	最低人数	培训周期	设备	相关方位
8 min 以内	3 名（消防救援团队成员）	每月	液压剪切器、硬保护、软保护	

方法：

车顶翻折是创造最终救援路径的一种方法。如果与车辆侧面一起移除，则会产生更大的救援空间，救援人员可以最大限度地接近待救援的肥胖伤者。此过程需要剪切 B 柱、C 柱和（如适用）D 柱，并在靠近 A 柱顶部的车顶处进行减压剪切。拆除所有内饰材料后进行以下操作。

- **确定待剪切车柱的正确顺序**（通常离伤者最近的 B 柱最后剪切）。
- **在尽可能低的位置剪切车柱，避开安全气囊**充气装置、着力点和安全带固定点的位置。
- **在车辆的任一个侧面进行 1 次卸压剪切，**位置在 A 柱顶部后约 10 cm 处。
- **在进行剪切时，消防救援人员应为车顶提供支撑，以确保其不会掉落并可能危及伤者或其他团队成员。**
- **在进行最后一处剪切时，**消防救援人员应确保车顶的全部重量都处于受控状态，剪切完毕后，应向前翻折车顶，并确保使用正确的提升和搬运技术

关于伤者的考虑因素：

使用液压工具时，保护伤者免受碎片飞溅的影响。持续汇报并更新伤者情况。

使用液压工具后，应重新评估伤者情况。车顶翻折完成后，伤者便暴露在外，应努力减少环境对伤者的影响。

在伤者准备好接受救援之前考虑立即翻折车顶，以降低伤者暴露的风险

安全和一般注意事项：

在车内和伤者附近使用液压工具时需要密切监测，现场指挥者应记住以下几点。

- 剪切前**拆除所有车辆内饰材料**。
- 进行玻璃破碎操作前，**所有人员佩戴呼吸保护装置**。
- **如果有多个液压剪切器，可以同时进行切剪切以节省时间。**
- **如果有往复锯，考虑将其用于 C 柱和 D 柱的切割上。**
- **如果使用往复锯，应远离伤者进行切割。**
- **使用硬保护和软保护**来保护伤者。
- 在使用液压工具前**发出口头警告**。
- 操作完成后**盖住所有锐边**

关于院前急救的注意事项：

向前翻折车顶需要在车内靠近伤者的地方使用液压工具。操作前应向伤者介绍情况，确保伤者被充分保护。如果担心自身或伤者的安全，应立即停止操作。车顶翻折完成后，重新评估伤者情况。车顶翻折后，伤者将暴露在环境中，确保向前翻折及时，导致伤者不必要的暴露在外

微信扫描二维码关注
“艾迪斯鼎力科技”公众号
观看本页操作视频

车顶向下翻折

目的：车身着地情况下翻折车顶，提供全面救援通道

完成时间	最低人数	培训周期	设备	相关方位
8 min 以内	3 名（消防救援团队成员）	每月	液压剪切器、硬保护、软保护	

方法：

向下翻折车顶是创造最终救援路径的一种方法。它要求剪切车辆上部的 A 柱、B 柱、C 柱和（如适用）D 柱，并在车顶前部和后部（下部）进行卸压剪切。此外，夹层挡风玻璃也需要处理。拆除所有内饰材料、后备厢门和玻璃后进行以下操作。

- 确定待剪切车柱的正确顺序（B 柱最后切割）。
- 打开前门和后门（如适用）并使其保持在打开位置①。
- 在尽可能高的位置剪切车柱，避开安全气囊充气装置、着力点和安全带固定点的位置。
- 通过从一个 A 柱的顶部到另一个 A 柱顶部进行“U”形剪切来处理挡风玻璃。
- 在车顶进行一次卸压剪切，一个位置在前部下方，与车顶纵梁平行；另一个位置在后部下方，同样与车顶纵梁平行。
- 在进行剪切时，消防救援人员应为车顶提供支撑，确保车顶不会掉落并危及团队成员。
- 在进行最后一次剪切时，消防救援人员应确保车顶的全部重量都处于受控状态，剪切完毕后，应向下翻折车顶，并确保使用正确的提升和搬运技术

关于伤者的考虑因素：

使用液压工具时，保护伤者免受碎片飞溅的影响。持续汇报并更新伤者情况。

使用液压工具后，应重新评估伤者情况。车顶翻折完成后，伤者便暴露在外，应尽量减少环境对伤者的影响。在伤者准备好接受解救之前考虑立即翻折车顶，以降低伤者暴露的风险

安全和一般注意事项：

在车内和伤者附近使用液压工具时需要密切监测，现场指挥者应记住以下几点。

- 剪切前拆除所有车辆内饰材料。
- 进行玻璃破碎操作前，所有人员佩戴呼吸保护装置。
- 如果有多个液压剪切器，需同时进行剪切以节省时间。
- 如果有往复锯，考虑将其用于 C 柱和 D 柱的切割上。
- 如果使用往复锯，应远离伤者进行切割。
- 使用硬保护和软保护来保护伤者。
- 在使用液压工具前发出口头警告。
- 操作完成后盖住任何锐边

关于院前急救的注意事项：

向下翻折车顶需要在车内靠近伤者的地方使用液压工具。操作前应向伤者介绍情况，确保伤者得到充分保护。如果担心自身或伤者的安全，应立即停止操作。车顶向下翻折完成后，重新评估伤者情况。车顶向下翻折后，伤者将暴露在环境中，确保向下翻折及时，导致伤者不必要的暴露在外

①可通过以下方式使车门保持在打开位置：插入垫块 / 楔块将其保持在打开位置，或使用绳索将门系在打开位置。翻折后，就可以将车顶放置在稳定的垫块上，以提供一个稳固的工作平台。

第三门空间创造

目的：改造车身形状以创造内部空间和救援被机械卡困的伤者。

责任人：消防救援团队的成员。

拆除一辆 3 门车辆的侧面可为位于车辆前部或后部的伤者提供一条快速、直接的救援路线。与拆除 B 柱一样，可以根据前排座椅的高度进行车辆侧板的剪切（如果伤者位于前排座椅）。

如果伤者位于车辆后部，则以后排座椅高度为准，并在车辆侧面进行作业，可以从伤者头部开始救援。这意味着医护人员（将对伤者的颈椎进行手动颈椎正中位稳定）能够更容易地控制伤者，不必在救援阶段爬过车辆。

尽管 3 门车辆的侧板可能有不止一层，并且是“双层蒙皮”，但其本身并不坚固（不同于 B 柱）。必须识别这些层并确保所有层都已剪切。这是确保作业成功的关键。

车顶着地（倒立）的车辆

对于车顶着地的车辆，可采取同样的操作。切记，车辆结构不会改变。车顶着地的车辆的 B 柱底部此时已位于最上方区域。

第三门空间创造

目的：改造车身形状以创造内部空间和救援被机械卡困的伤者

完成时间	最低人数	培训周期	设备	相关方位
4 min 以内	2 名（消防救援团队成员）	每月	液压撑顶器、撑顶器底座、硬保护、软保护	

方法：

拆除 3 门车辆的侧面为伤者提供了快速、即时的救援路径，并最大限度地减少其脊柱和骨盆错位情况。此外，还可为后座伤者提供救援路径。在前门被打开或拆除后，玻璃破碎的情况如下。

- 从后窗下方区域**拆除内饰材料**。
- 在靠近 C 柱的**侧板上进行一次垂直剪切**。
- **识别双层结构**并确保两层都已被剪切。
- 以后排座椅的高度为准**继续向下和向 B 柱方向剪切**。
- **在 B 柱底部找出一个合适的剪切区域**以避开安全带固定点和预收紧装置并进行一次卸压剪切。
- **在 B 柱顶部找出一个合适的区域进行剪切，**避开安全气囊充气装置、着力点和安全带固定点的位置。
- **将侧面向下折叠并盖住所有锐利边缘**

关于伤者的考虑因素：

使用液压工具时，保护伤者免受碎片飞溅的影响。

持续汇报并更新伤者情况。使用液压工具后，应重新评估伤者情况。

拆除车辆侧面后，伤者便暴露在外，应尽量减少环境对其的影响。在伤者准备好接受救援之前考虑立即向下翻折车辆侧面，减少伤者暴露风险

安全和一般注意事项：

在车内和伤者附近使用液压工具时需要密切监测，现场指挥者应记住以下几点。

- **剪切前拆除所有车辆内饰材料。**
- 执行玻璃破碎操作时，**所有人员佩戴呼吸保护装置。**
- **如果有多个液压剪切器可用，则应同时进行剪切以缩短救援时间。**
- **如果有往复锯可用，**考虑用其进行垂直切割。
- **如果使用往复锯切割，**应确保远离伤者作业。
- **使用硬保护和软保护**来保护伤者。
- 使用液压工具前**发出口头警告。**
- 操作完成后**包住所有锐边。**

如果要创造第三门空间救援后排的伤者，在条件允许的情况下，应确保被移除的一侧允许伤者头部先脱困

关于院前急救的注意事项：

第三门空间创造需要在车内靠近伤者的地方使用液压工具。操作前应向伤者介绍情况，确保伤者得到充分保护。如果担心自身或伤者的安全，应立即停止操作。第三门空间创造完成后，重新评估伤者情况。第三门空间创造完成后将使伤者暴露在环境中，确保拆除时机合适，避免伤者过早暴露在外

微信扫描二维码关注
“艾迪斯鼎力科技”公众号
观看本页操作视频

LUKAS
LUKAS
LUKAS
LUKAS
LUKAS

特殊情况

270　引言
271　夜间事故
273　涉及多台车辆和多名伤者的事故
276　涉水车辆事故

引言

虽然大多数道路交通事故在车辆和伤者的数量、位置和方向方面均属于“普通”事故，但仍有少数事故会给我们带来严峻的挑战。但只要我们训练得当，就能很好地应对所面临的大多数事故。即便如此，我们也应随时准备应对那些非常规但可预见以及最有可能在知识、技巧、能力和装备方面对我们提出考验的情况。

很长一段时间以来，我一直敦促救援人员要为任何非常规的情况做好准备。在这方面，我总结出了以下内容。

- 夜间事故。
- 受限或延迟进出事故。
- 涉及多台车辆和多名伤者的事故。
- 涉水车辆事故。

当然，上述情况并非详尽无遗，但旨在当遇到两车（多车）相撞，车中有一人在车轮着地的车辆中被困时，我们能比常人思维更开阔，思考得更全面。虽然从统计学的角度来看，这是我们最有可能遇到的事件，但从破拆、医疗和计划的角度来看，我们应准备好面对更具挑战性的情况。特别是作为现场指挥者应为掌控更复杂的局面做好准备。

通常，这类事故需要横向思考，有一定程度的创新以及技巧和技术的应用（同时遵守当地政策和程序），以确保达到安全、及时并以伤者为中心的效果。同其他事故一样，这需要多个组织的协助，因此，跨组织训练时应提供一系列广泛且具有挑战性的场景。

夜间事故

夜间道路交通事故通常被视为常规情况，大多数人认为其不构成“特殊情况”。然而从我的经验来看，我们很少考虑夜间时段对救援过程所造成的真正影响，以及对伤者的潜在危险。

此外，我们通常是在白天训练，因此不会经常暴露在类似夜间作业遇到的风险和危险中。

夜间事故可能会带来的具体挑战

- 危险识别（如识别一辆电动汽车）。
- 伤者识别（如车辆内部或外部的位置和方向）。
- 伤者治疗（如识别伤者的损伤情况和为伤者保暖）。
- 专业工具操作（如检查剪切器的刀片、扩张器的扩张头和撑顶器的防滑齿头）。
- 环境温度普遍偏低（如伤者和人员在环境中暴露的风险）。

在夜间进行初步 360 度全方位评估时，由于能见度降低，识别危险会更加困难，现场指挥者应计划好如何确保所有关键风险问题都得以识别。如果可行，在设置现场照明之前，首先使用急救人员车辆的车灯进行照明。在救援期间，应确保所有救援人员均可获得便携式照明设备（最好提供安全帽、灯和头戴灯），以便进行各种救援作业。

伤者的伤情识别及其初步和持续治疗将受到夜间救援环境的影响。院前急救人员在车内应当有合适的照明条件，使其能够充分进行初次和二次检查，并进行所有必要的干预。

使用液压（或其他）工具的消防救援团队将受到能见度低的影响。特别是，必须考虑到他们能够清楚观察剪切器的刀片、扩张器的扩张头和撑顶器防滑齿头的需要，必要时应提供额外的照明设备以确保持续安全的工作。

一般来说，夜间工作意味着环境温度较低，虽然是低温而并非极端温度，但会对伤者产生负面影响。对有创伤的伤者进行保暖非常重要，因此，在救援过程中，伤者暴露在环境中的时间应保持在绝对最低限度内。虽然我们可以使用毯子和热保护装置帮助伤者保暖，但应通过以下方式尽量避免不必要的暴露在外。

- 在以伤者为中心的前提下进行玻璃破碎处理。
- 空间创造技术的选择应避免不必要地暴露伤者。
- 考虑可选择的限制暴露的技术（如利用翻折车顶替代拆除车顶）[①]。

此外，在条件允许的情况下，考虑将救援车辆停放在能够为事故现场遮挡风雨的位置。

夜间工作极大地影响了车辆救援所采用的方法，并带来了巨大的挑战和更多需要注意的事项，所有这些都不可避免地会延长现场救援时间。为弥补这些损失的时间，我们需要做好基础工作，并牢记有效计划和同步操作的重要性。将夜间救援定义为“特殊情况”，并为这类事故提供更多的预先计划和训练，这是确保我们的工作更加有效和更加关注伤者的关键。夜间多方的训练至关重要，我建议至少一半的救援训练在夜间进行。

①如果最终救援计划是拆除车顶，考虑采用翻折车顶作为备选方案。剪切到位后，应在伤者从车内移走前最后一刻再翻折车顶，以最大限度地减少伤者在环境中的暴露时间。

涉及多台车辆和多名伤者的事故

任何涉及多台车辆和多名伤者的事故都有可能会超过所有组织机构的初级响应水平。在世界上大多数地方，初级响应的目的是为了满足现场指挥者针对一名被困人员的单台车辆在救援早期阶段所提出的额外需求。

现场指挥者在到达现场后发现有多台车辆的乘客受伤或被困时，应遵循与其他事故相同的流程，进行初步360度全方位评估并确定关键风险优先级。但是，由于要同时处理多辆车辆和多名伤者，这一过程会变得更加复杂，救援人员的合理部署极具挑战性。

以下内容应作为初步360度全方位评估的一部分

- 涉及的车辆总数。
- 涉及的伤者总数及其位置和方向。
- 直接危险，如火灾、泄漏等。
- 涉及的车辆类型，如混合动力或电动汽车。

应尽快且尽可能全面地完成这些工作。一般认为，要达到较好效果的方法是现场指挥者在执行任务时已提前获得以上信息。

在外部评估完成之前，团队成员不得对事故车辆擅自展开救援。

在外部评估结束之后，现场指挥者处理收集到的信息并确定优先顺序，简明扼要地向团队介绍情况并让团队展开救援。

需要立即处理的事项

- 需要马上关注风险性重要问题，如无反应的伤者或火灾。
- 详细说明并请求现场所需的进一步协助。
- 针对已确定的需要马上关注的伤者所在车辆，为医护人员进入车辆提供直接通道（作为初步伤员鉴定分类的一部分）。

如果车辆之间有相当大的间隔，则现场指挥者应考虑任命一名代表来完成对其他受影响车辆的补充外部评估。在完成这项工作之后（且在资源分配之前），应对所有现场评估结果进行讨论，以确定以下信息。

- 确定救援的优先顺序 。
- 对所有伤者情况进行鉴定分类。
- 确定所需的其他资源。

如果条件允许，应对每台车辆进行内部评估，以确定以下信息。

- 确定外部评估期间尚未发现的风险。
- 确定车辆钥匙的位置并将其取下（如果是智能钥匙，则应将钥匙拿到距车辆 5 米以外的位置）。
- 确定可能未被激活的安全气囊。
- 确定可能进出车辆的出入口（如检查车门和后备厢能否手动打开或使用液压工具打开）。
- 确认车辆内部是否可以人工（手动）或电动操作（在断开 12 V 电源之前）。

一旦完成内部评估，该代表应随即与现场指挥者沟通收集到的信息，并立即将关键的风险问题告知所有工作人员。

初步响应资源必须集中用于鉴别和救治受伤最严重的人员。因此，医护人员必须在伤员鉴别归类方面接受培训，从而能够在事故的初始阶段有效地部署有限的资源。这样在后续补充资源运到后，就能够快速部署分发给先前已经鉴别归类过的伤者。

全球有几种伤员鉴别归类的方法，救援人员应熟悉其当地所适用的最佳方法。

宣布重大事故

“重大事故”通常指需要一个或多个救援机构实施特殊安排的紧急情况。在宣布重大事故发生时，高级别响应自动进入待命、准备或动员状态。各个国家和地区对重大事故均有自己的定义，现场指挥者应熟悉当地的规定。

涉水车辆事故

对某个组织来说，涉水车辆的事故在道路交通事故中遇到得比较少，但这种情况确实时有发生。通过社交媒体搜索就会发现，实际上涉水车辆事故在全球是相当普遍的。由此可知，这种性质的事故是可以预见的。

换言之，我们可以预测这种事故在一定程度上会发生。如果是这种情况，我们应将这种事故纳入训练和预先计划之中，并应囊括多个机构培训。

当然，这里必须有一个通用的方法，并将相关地理区域的风险状况作为主要考虑内容。世界上有些地区的公路交通网远离水域，车辆进入河流、小溪或湖泊的可能性几乎为零。相反，也有很多国家和地区有道路和河道紧邻的情况。

即便如此，也应注意风险状况会因天气条件而变化，并且研究表明，曾经被认为“反常”的气候事故现在在全球变得更加普遍。因此，我们绝不能简单地满足于只了解我们所在响应区域的现有河道情况，还应了解大自然本身的作用以及它是如何快速改变现有地貌特征的。

世界各地的许多救援组织已经具备了应对洪水的救援能力，并对其救援人员进行了相应的培训。此外，他们还购买了应对重大风险的专业设备，以便救援人员能够在水中或近水区安全有效地工作，但却很少延伸到用于处理道路交通碰撞事故的设备上。我们必须确保设备能够在水中或近水区域工作，尽管这种情况很少见，但确实需要有能力执行这种救援任务。

浸泡在水中的车辆和浸没在水下的车辆有很大的不同，救援人员在下水之前，必须首先考虑车内乘客生还的可能性。

在处理此类事故时，必须对响应标准做出适当调整，并确保所有现场人员的安全。重新调整车辆位置是一个需要考虑的关键因素，因为将车辆移出水面可以消除重大危险，还会减少现场救援时间。对于无法移动的车辆，如果伤者浸没在水中（即使是在相对较浅的水中），也存在低温风险和污水感染伤口的风险。所有救援计划都必须将这两种因素考虑在内，甚至优先于其他已确定的危险。

由于方法、设备和训练的差异，救援人员处理此类事故的能力差异很大。在处理水中或近水域的事故时，所有救援人员应遵循相关的政策和程序规范。任何情况下都不得进行危及救援人员安全的救援尝试。

我建议所有人员针对在潜在风险区域入水作业的事故开展多组织间的讨论。现场指挥者应事先决定如何调配资源，并决定是否应在初始阶段就配备额外资源（即比“标准”事故更多的资源）。

此类事故虽然很少，但确实会发生。我再次强调，预先计划和多组织间的训练是工作的关键。

汽车紧急响应指南表明，浸泡或浸没在水中的电动汽车或混合动力汽车不会产生触电危险。制造商建议将车从水中拖出并执行常规的高 / 低压断电程序。注意，不能轻易地对水中车辆的受损程度做出判断。因此，现场指挥者应在指派具体人员之前，进行充分的风险评估。

涉及水中车辆的事故应进行必要的风险评估，所有计划下水的救援人员都必须接受过全面的培训，并始终穿戴正确的个人防护装备。此外，任何重新安置和转移车辆的方法都不得损害伤者，同时还应考虑到伤者暴露在冷水或污水中的情况。

LUKAS

LUKAS

鸣谢

我要感谢下列人员，谢谢他们在我的职业生涯中给予我的支持和帮助，使本书能够顺利出版。

感谢我伟大的妻子 Victoria 和我可爱的孩子 Jessica 和 Georgia，他们支持我所做的每一件事；感谢 Paul 和 Ann-Marie Dunn 一直以来对我坚定不移的支持。

感谢下列人员对项目的信任

艾迪斯消防与救援集团救援事业部 LUKAS 救援有限公司的 Max Wolt 和 Jessica Forster。

感谢下列人员对本人的教导、引导、激励和信任

Nick Holmes 先生（Cheshire 消防和救援服务）、Colin Clarkson 先生（Cheshire 消防和救援服务）South Wales （Bridgend）救援小组（前和现成员），Peter Lax 博士（麻醉剂顾问）、John Glasheen 博士（昆士兰急救医学注册会员）、Bridgid Glasheen 女士（昆士兰急救中心）、Joff van Ek 先生（墨尔本消防队）、Steve Apter 先生（汉普郡消防和救援服务）、Ian Greenman 先生（南威尔士消防和救援服务）Eddie Cooper 先生（Tyne & Wear 消防和救援服务）、Graham Hill 先生、Kris Parker 先生（澳大利亚维多利亚州急救服务中心）、Andy Mellor 先生（全球赛车运动安全研究所）、Paul Savage OBE 先生、Mark 先生（Ted）、O’Brien（消防服务学院）、Steve Skarratt 先生（消防服务学院）、John Boswell 先生（消防服务学院）、Tim Leeuwenburg 博士（澳大利亚袋鼠岛乡村医护人员）、John Collins 先生（医药顾问）。

TOCA 安全小组

Paul Traford 博士、Nick James 博士、Ben Shippey 博士、Martin Hunt 先生、Jonathan Whelan 博士、Richard Protheroe 博士、Antony Palmer 先生、Rowley Cottingham 博士、Helen Grimsmo 博士、Mark Tyler 博士、Sharon Wells、Gerry Davis、Dave Stubbs、Nigel Wells、Ian Roberts、Chris Attfield、Kelvin Crocker、Nick Tuson、Zac Chapman、Bill Coombs、Gary Spender。

特别鸣谢

2006–2011 年我有幸与之共事的英国救援组织成员

2009–2011 年我有幸与之共事的世界救援组织成员

2005–2019 年我有幸与之共事的麻醉创伤和危重护理系成员

项目媒体小组

Max Wolt （LUKAS）

Benny Schumann （LUKAS）

Alessandro Fiorentino（LUKAS）

Jochen Scholz （LUKAS）

Daniel Engelhardt （LUKAS）

Jörg R ü der （LUKAS）

Jessica Forster （LUKAS）

Andreas Classen （Vetter）

Kathrin Schafbauer （摄影）

Jochen Arold （图形设计）

Gerald Gegner （摄影摄像总监）

Christian Mössner （摄像）

Edmund Bachmann （灯光）

TM Studios （场地）

Gebr ü der Barth （车辆回收）

IDEX Fire & Safety Rescue Part（项目投资与信托）

中文校译小组（排名不分先后）

高坤、蒋硕、马远、佘鹏、宋志鹏、史颖、万海波、颜廷波、张安武、赵燕

微信扫描二维码关注
“艾迪斯鼎力科技”公众号
观看“演出人员介绍”

微信扫描二维码了解更多
“艾迪斯鼎力科技（天津）
有限公司”信息

图片出处：本书使用的所有图片均与 IDEX 集团合作创作。